Cafe English

Cafe English

한국음료직업교육개발원 편저

아카데미아

Cafe English

1판 1쇄 인쇄 | 2018년 6월 15일
1판 1쇄 발행 | 2018년 6월 22일

편　저 | 한국음료직업교육개발원

펴낸이 | 주용진
펴낸곳 | 도서출판 아카데미아
주　소 | 경기도 안양시 동안구 시민대로401 대륭테크노타운15차 2003호
전　화 | 031-389-8811
팩　스 | 031-389-8817
E-mail | books@academya.co.kr
http://www.academya.co.kr

ISBN 978-89-5938-404-4
값 18,000원

머리말

당신이 하루에 몇 잔의 커피를 마시는지 생각해보자. 생각보다 많은 커피를 마시고 있지 않은가? 국민 1인당 1년 커피 소비량이 484잔에 이른다고 하니 우리나라도 이제 커피 없이 지내는 것은 어려울 듯하다.

이처럼 빠르게 성장하고 있는 커피 소비량은 세계 35위로 커피 공화국으로서의 입지를 공고히 하고 있다. 사람들은 이 많은 커피를 집에서도 회사에서도 마시지만 카페에 방문하여 마시는 경우가 가장 많다. 또한 최근 카페는 단순히 커피를 마시기 위한 공간이 아닌 새로운 만남의 장소로 변화하고 있다.

이러한 추세에 발맞추어 최근 카페에서는 다양한 종류의 커피와 커피 외의 음료, 디저트까지 판매하고 있다. 이러한 새로운 카페문화가 정착됨에 따라 우리가 카페에 갈 때 갖추어야 할 에티켓도 생겨나고 있다. 이처럼 서양 문물을 처음 접할 때의 설렘의 시간을 넘어서 기본문화를 바탕으로 새로운 카페문화를 창조하는 길 앞에 서게 되었다.

이제는 한국적인 새로운 커피문화를 전파하고 정착시키기 위해서는 커피뿐만 아니라 다양한 음료와 디저트 등에도 관심을 가져야 한다. 이와 더불어 영어를 필수적으로 익혀야 한다. 여러분이 소비자로서 카페에서 주문할 수 있는 방법부터 바리스타로서의 전문적인 용어를 영어로 구사할 수 있을 때에 한국의 커피문화와 카페문화가 세계로 나아갈 수 있을 것이다.

여러분은 이 책을 통해 알고 있는 지식을 전달할 수 있는 영어라는 도구를 얻게 될 것이다. 실전에 필요한 영어표현을 익혀 이를 바로 실전에 적용할 수 있을 것이다. 이 책을 읽을 수만 있으면 누구나 쉽게 카페에서 소비자로서, 바리스타로서 한국의 커피문화를 만들어가는 선구자가 될 수 있다.

Cafe English 저자 일동

목 차

PART I. Introduction

PART II. Service 1

PART III. Service 2

PART IV. Making

PART V. Types of Drinks and Side Menu

PART VI. Management

PART I
Introduction

01. Origin

커피에 대한 기원을 이해하고 고객에게 필요한 정보를 제공할 수 있어야 한다.

Point 1. Definition of Coffee
Point 2. Legend of Kaldi
Point 3. Beginning from Ethiopia

커피의 기원을 이해하기 위해 커피의 정의, 커피를 발견한 칼디의 전설, 커피가 최초로 발견된 에티오피아에 관한 내용을 흥미롭게 이해하자.

Point 1. Definition of Coffee

커피란 무엇인가? 커피는 커피나무의 열매 속 씨를 볶아 분쇄하여 물에 우려 음용하고 있는 무알코올의 기호음료이다.

Coffee is a brewed nonalcoholic beverage.
커피는 무알코올의 기호음료이다.

Useful Practices **Beer is an alcoholic brew.**
맥주는 알코올의 양조주이다.

Make roasted seeds into coffee.
커피는 열매 속의 씨를 볶아 만든다.

Useful Practices **Make roasted tea leaves into tea.**
차는 찻잎을 볶아 만든다.

Point 2. Legend of Kaldi

커피열매는 어떻게 발견되었을까? 기원전 6세기경부터 전해져 내려오는 흥미로운 설에 의하면 커피열매는 한 양치기 소년, 칼디가 발견했다고 전한다. 칼디는 자신이 기르던 염소들이 붉은 체리를 먹고 흥분하여 이리저리 뛰어다니는 모습을 발견하였다.

Kaldi was an Ethiopian goatherd who discovered coffee.

에티오피아 양치기 소년인 칼디에 의해 커피열매가 발견되었다.

He noticed when his livestock ate coffee seeds, they jumped.

그는 가축이 커피열매를 먹고 뛰는 모습을 보았다.

Point 3. Beginning from Ethiopia

6세기경 에티오피아에서 발견된 커피열매는 예멘, 터키, 유럽 등, 전 세계적으로 전파되어 재배되기 시작했다. 또한 커피는 각각의 국가에서 각기 다른 조리법으로 만들고 서로 다른 맛을 낸다.

Coffee was first found in Ethiopia.

커피열매가 처음 발견된 나라는 에티오피아이다.

Useful Practices **Cacao was first found in Brazil.**

카카오가 처음 발견된 나라는 브라질이다.

The coffee, which was discovered in Ethiopia, spread all over the world.

에티오피아에서 발견된 커피열매는 전 세계로 전파되었다.

Useful Practices **The tea, which was discovered in China, became well-known all over the world.**

중국이 원산지인 차는 전 세계로 전파되었다.

커피의 발견과 첫 음용이 언제였는지는 확실하지 않다. 몇 가지 전해 내려오는 이야기들로 미루어볼 때 6세기경 에티오피아가 원산지라는 것이 일반적이다. 에티오피아 사람들은 야생에서 나무에 달린 빨간 커피열매를 통으로 먹거나 식재료에 섞어 음식의 형태로 먹었다. 씨앗을 분리하여 볶은 후 끓는 물에 우려내어 마셔야겠다고 생각하기까진 오랜 시간이 걸렸다.

The origin of coffee could be traced in the 6th century in Ethiopia. Ethiopians ate the red seeds of coffee hanging on the tree. They also mixed it with food reserves and ate it like a kind of food. It took them a long time to separate seeds, roast them, and drank them after infusing them in boiling water.

Dialog

M: Teacher, how was coffee discover?
선생님, 커피는 어떻게 발견되었나요?

W: Coffee is originally made from seed. An Ethiopia herdsman discovered it in the 6th century. After that, it was used for medicine, food, and the like. Now it is used as a drink.
커피는 원래 열매의 씨앗으로 만드는 음료입니다. 6세기경 에티오피아의 목동에 의해서 발견됐대요. 이후 약용, 음식 등 다양한 형태로 이용되다가 지금의 음료로 탄생하게 되었습니다.

M: Did coffee originate from Ethiopia?
그럼 커피는 에티오피아에서부터 시작된 것인가요?

W: Yes, it did start from Ethiopia and it spread throughout Islam and Europe.
예, 그렇습니다. 에티오피아에서 시작되어 이슬람, 유럽으로 전파됐습니다.

M: OK, thank you.
아, 네. 감사해요.

02. History

커피의 주요 역사를 파악하고 고객이 이해할 수 있도록 설명할 수 있어야 한다.

Point 1. History of Islam coffee

Point 2. History of Europe coffee

Point 3. History of Korea coffee

커피의 역사를 이해하기 위해 터키식 커피를 마시는 이슬람의 커피, 에스프레소를 마시는 유럽의 커피, 다양한 문화가 발달하고 있는 우리나라의 커피에 관한 내용을 흥미롭게 이해하자.

Point 1. History of Islam coffee

에티오피아에서 시작된 커피는 예멘으로 건너가게 된다. 초창기의 커피는 정신을 맑게 해주는 효능으로 이슬람의 수도승에 의해 종교적으로 애용되고, 부유층에서도 즐기는 값비싼 기호음료로 애용되어 왔다. 13세기에 들어 커피체리의 씨를 볶아 끓여 마시는 형태로 변화하였다.

The coffee is effective in making people stay awake.

커피는 정신을 맑게 해주는 효능이 있다.

Useful Practices **The coffee aids in digestion.**

커피는 소화를 돕는 효능이 있다.

Did people consider coffee as a luxurious beverage in the past?

과거에 커피는 값비싼 음료로 애용되었나요?

Useful Practices **Do we enjoy coffee at a reasonable price now?**

현재 커피는 저렴한 가격으로 애용되나요?

Point 2. History of Europe coffee

터키의 커피는 오스만제국의 영향을 받아 유럽으로 전파되게 된다. 주로 열대 지역에 식민지가 있는 유럽에서는 커피를 많이 접할 수 있게 되었고, 커피를 빠른 시간에 추출할 수 있는 커피기계와 기구를 발명하여 커피의 대중화를 이룰 수 있었다.

Coffee is easy to get in Europe.
유럽에서는 커피를 많이 접할 수 있었다.

Useful Practices **Wine is easy to get in Europe.**
유럽에서는 와인을 많이 접할 수 있었다.

Is it possible to extract coffee quickly?
커피를 빠른 시간에 추출할 수 있나요?

Useful Practices **Is it possible to drink coffee quickly?**
커피를 빠른 시간에 마실 수 있나요?

Point 3. History of Korea coffee

우리나라 커피의 유입은 고종이 아관파천 때에 러시아에서 커피를 처음 마신 것이 계기가 되었다. 최초 서양식 호텔인 손탁호텔에서 커피를 판매하였으며, 이후 다방이 생겨나며 대중화되었다. 미군의 주둔 때에 인스턴트커피가 전해져 다양한 커피문화가 발전되었다.

The coffee was first brought to Korea during King Gojong's reign.

고종 때 커피가 처음으로 유입되었다.

Useful Practices **Instant coffee was first brought to Korea by the US Army.**

미군을 통해 인스턴트커피가 전래됐다.

Korea's diverse coffee cultures are developed.

우리나라는 다양한 커피문화가 발전됐다.

Useful Practices **Japan's diverse coffee cultures are developed.**

일본은 다양한 커피문화가 발전됐다.

캐러밴이 에티오피아에서 커피열매를 가져와 보급하여 부자들이 커피를 향유할 수 있었다. 또한 통증을 완화시키는 목적에서 의학적으로 음용하였다. 커피는 악마의 음료라고 금지령을 내린 교황도 있었으나 이슬람 수도승들은 정신을 맑게 하기 위한 종교적 신념으로 커피를 이용하였다. 이슬람 수도승들이 경제적으로 어려움에 처하자 커피를 대중에게 공개하였고, 커피를 여러 가지 방법으로 음용하게 되었다.

Caravan took coffee from Ethiopia and supplied it to the rich people, so they could enjoy the coffee. Moreover, they used it as laxative. A pope banned the coffee because he thought it was a drink of the devil, but Islam's Buddhist monks used it to clear their mind. Islam's Buddhist monks opened coffee to the public when they faced economic difficulties. Then coffee started to be used in several ways.

Dialog

M: Do you know the Turkish coffee culture?
터키식 커피의 재미있는 문화를 아시나요?

W: What is it?
그게 뭔데요?

M: Turks boil coffee powder with water. After drinking coffee, they turn over their glass.
일반 터키식 커피는 커피가루를 물에 끓여 먹는 형태입니다. 이를 잔에 부어 마신 후 잔을 뒤집어 둡니다.

W: Why?
왜요?

M: Turks used coffee grounds for fortunetelling.
터키인들은 커피찌꺼기가 만드는 문양으로 점을 본다고 하네요.

W: That is interesting.
흥미롭네요.

W: Why does Australian drink coffee with sugar and milk?
오스트리아에서는 왜 커피에 설탕과 우유를 넣어 먹었나요?

M: It eradicates bitter taste and makes coffee sweeter.
그것은 커피의 쓴맛을 줄이고 보다 달콤하고 부드럽게 먹는 것을 원해서입니다.

W: Is it practiced only in Australia?
오스트리아에서만 그런가요?

M: Cultures of coffee have many different forms depending on countries. Countries have different kinds of coffee to suit their palate. For example, Italy has Cappuccino and Espresso, while America has Americano.
커피의 문화는 국가별 기호에 따라 다양한 형태를 나타내고 있습니다. 이탈리아의 에스프레소와 카푸치노, 미국의 아메리카노와 같이 지역별 국가별 기호가 달라 그들의 입맛에 맞게 음용되고 있지요.

03. Classification & Breed

커피가 생산되는 방법을 이해하고 종류별 특징을 파악하여 고객에게 설명할 수 있어야 한다.

Point 1. Arabica and Robusta

Point 2. Cultivation of coffee

커피의 종류인 아라비카와 로부스타 각각의 특징, 커피가 주로 재배되는 지역의 기후조건에 관한 내용을 흥미롭게 이해하자.

Point 1. Arabica and Robusta

커피는 다양한 품종이 있다. 우리가 음용하고 있는 주요 품종으로는 아라비카와 로부스타가 있다. 에티오피아가 원산지인 아라비카 품종은 전 세계 생산량의 약 70%를 차지하고 있으며 상대적으로 고품질의 커피이다. 콩고가 원산지인 로부스타 품종은 전 세계 생산량의 약 30%를 차지하고 있으며 상대적으로 저품질의 커피이다.

The most consumed coffee are Arabica and Robusta.

커피는 아라비카와 로부스타 품종을 주로 마신다.

Useful Practices **The most consumed wine are Cabernet Sauvignon and Chardonnay.**

와인은 까베르네 소비뇽과 샤르도네 품종을 주로 마신다.

Is Arabica second to none? (Is Arabica high quality?)

아라비카 품종은 고품질의 커피입니까?

Useful Practices **Is Robusta low quality?**

로부스타 품종은 저품질의 커피입니까?

Point 2. Cultivation of coffee

커피는 고온다습한 열대 및 아열대 지역에서 잘 자라며, 커피 존(커피 벨트)에서 생산된다. 특히 높은 지대에서 자랄수록 고품질의 커피를 얻을 수 있고, 자라는 환경에 따라 생산되는 커피의 질이 달라질 수 있다. 첫 꽃은 3년째에 나타나고 나무 한 그루에서 최대 3 kg의 커피체리를 얻을 수 있다. 아라비카 품종은 고온과 질병에 상대적으로 약하며, 로부스타 품종은 고온과 질병에 상대적으로 강하다.

Adjust climatic condition to coffee cultivation.

커피가 재배될 수 있는 기후조건을 맞춰야 한다.

Useful Practices **Adjust climatic condition to barley cultivation.**

보리가 재배될 수 있는 기후조건을 맞춰야 한다.

Proper climatic condition depends on types of coffee.

커피의 종류에 따라 필요한 기후조건이 다르다.

Useful Practices **Proper climatic condition depends on types of grape.**

포도의 종류에 따라 필요한 기후조건이 다르다.

정상의 커피 빈은 한쪽은 평면이고 반대쪽은 둥글게 생긴 씨가 커피체리 안에서 두 개가 서로 마주보고 들어있다. 우리가 먹는 커피의 종류는 아라비카와 로부스타가 있다. 아라비카는 고급 커피의 주원료가 되는 높은 품질로 카페인 함유량이 낮다. 로부스타는 저급 커피의 주원료가 되는 낮은 품질로 카페인 함유량이 높다. 열대 및 아열대 기후에서 재배되며 온도, 강우, 일조 등의 기후조건은 커피 생산에 크게 영향을 미친다.

One side of the coffee bean has flat surface and the opposite side has curve. There are two kinds of coffee we drink, namely Arabica and Robusta. Arabica contains low caffeine and it is the main ingredient of the high rank coffee. On the other hand, Robusta contains high caffeine and it is the main ingredient of low rank coffee. Coffee is cultivated from the tropics and the subtropics, and the degree, rainfall, and amount of sunshine significantly affect the cultivation of coffee.

Dialog

M: What kind of coffee breeds are there ?
커피의 품종에는 어떤 것들이 있나요?

W: Why are Arabica and Robusta the most consumed?
주로 애용되고 있는 것은 2가지입니다. 아라비카와 로부스타입니다.

M: What do you think is the reason?
아라비카와 로부스타가 애용되는 이유는 무엇인가요?

W: They are of good quality and they taste good.
커피의 품질적인 이유도 있고 이 두 가지가 커피 맛을 가장 잘 나타냅니다.

W: The coffee is generally produced in the country near the Equator. Why?
일반적으로 커피는 적도와 인접한 국가에서 많이 생산되고 있습니다. 왜인가요?

M: It is reared in hot weather. Hot weather is not an absolute condition. It also needs proper temperature and precipitation.
커피가 더운 지방에서 생산되기 때문입니다. 하지만 더운 지방이라고 전부 좋은 커피를 생산하는 것은 아닙니다. 적절한 온도와 강수량이 동반된 국가에서 고품질의 커피가 생산되지요.

W: Which continent does coffee grow?
어떤 나라가 해당되나요?

M: It grows mostly in South America and Africa.
주로 남미와 아프리카 지역에서 많이 재배되고 있습니다.

W: What countries are famous for their coffee?
유명한 국가는요?

M: Kenya, Jamaica, Hawaii , Brazil, and the like.
케냐, 자메이카, 하와이, 브라질 등이 있습니다.

커피 벨트

Jamaica
Mexico
Cuba
Guatamala
Venezuela
Nicaragua
Costa Rica
Hawaii
Panama
Colombia
Equador
Peru
Brazil
Liberia
Togo
Central
Africa
Ecuador
Guinea
Uganda
Angola
Zaire
Yemen
Ethiopia
Kenya
Tanzania
Madagascar
India
Sri Lanka
Laos
Vietnam
Sumatra
Java
Phillippines
Indonesia
Papua
New Guinea

04. Process

커피가 가공되는 방법을 인지하고 수확부터 선별까지 유통이 되는 과정을 파악할 수 있다.

Point 1. Picking and Stripping

Point 2. Natural drying and Washing drying

Point 3. Classifying (of Indications)

커피가 재배된 이후에는 다양한 방법의 수확, 가공, 분류의 과정을 거치게 되는데 세계적으로 커피가 유통되기 위해 필요한 과정을 흥미롭게 이해하자.

Point 1. Picking and Stripping

커피는 적도와 아주 가까운 나라를 제외하면 일 년 내내 커피체리의 수확이 가능한 농작물이다. 성장은 우기에 이루어지며 건기에는 그늘을 만들어주어야 한다. 수확할 때에 개인형 소작농에서는 주로 피킹을, 기업형 대작농에서는 주로 스트리핑 수확법을 이용한다. 피킹은 잘 익은 커피체리만 골라 수확하고 스트리핑은 전체적으로 익어갈 때에 기계로 나무를 훑어 수확하는 방법이다.

How to harvest coffee?

커피를 수확하는 방법은 무엇입니까?

Useful Practices **How to cultivate coffee?**

커피를 재배하는 방법은 무엇입니까?

Harvested by machines is fast.

기계를 이용한 수확 방법은 속도가 빠르다.

Useful Practices **Harvested by hand is slow.**

손으로 하는 수확 방법은 속도가 느리다.

Point 2. Natural drying and Washing drying

수확을 완료한 커피는 불필요한 과육을 제거하고 씨를 빼내야 하는데 껍질이 여러 겹으로 겹쳐져 있다. 생산지 사정에 따라 자연건조 가공방법이나 세척건조 가공방법을 선택해 사용한다. 자연건조 가공방법은 자연적으로 커피체리를 햇볕에 말린 뒤 과육을 제거하고, 세척건조 가공방법은 커피체리를 물에 씻어 과육을 제거하는 방법이다.

Remove several layers of husk.

여러 겹으로 겹쳐진 껍질을 제거한다.

Useful Practices **Remove a layer of husk.**

한 겹의 껍질을 제거한다.

Point 3. Classification (of Indications)

가공이 완료된 커피는 크기에 따라 선별해야 한다. 이물질과 불량 커피 빈을 제거하고 다양한 크기의 망에 통과시켜 1~9등급으로 분류한다. 커피의 등급이 정해지면 세계커피기구 기준의 60 kg으로 포장되어 전 세계로 유통될 수 있다.

Coffee is sorted into different sizes.

커피를 크기별로 분류해야 한다.

Useful Practices **Coffee is sorted into different quality.**

커피를 품질별로 분류해야 한다.

Is the 1st grade coffee good?

1등급의 커피가 좋은 커피인가요?

Useful Practices **How is the 9th grade coffee used?**
9등급의 커피는 어떻게 사용되나요?

잘 익은 커피체리만 골라서 수확하는 방법인 피킹은 고품질의 아라비카 커피의 수확에 이용되며 노동력이 많이 필요해서 소작농이 주로 이용한다. 전체적으로 나무가 익어갈 때 기계로 나뭇가지를 훑어서 수확하는 방법인 스트리핑은 수확 속도가 빨라서 대작농이 이용하기에 유리하다. 수확 후에는 불필요한 과육을 제거하는 가공과정을 거치는데 자연건조 가공방법과 세척건조 가공방법이 있다. 커피를 크기별로 분류하여 등급을 정해 세계적으로 유통된다.

Picking, which is the method of selecting well ripened coffee cherry, is used at cultivating arabica, and it takes much workforce so it is used normally at tenant farming. Generally, when a tree starts to get ripen, stripping, which is a method of cultivating with machine or stripping off the twigs, is useful at large tenant farming. After cultivating, we need to get rid of the unnecessary flesh, and there are two ways to do it. The first way is natural drying and the second way is cleanse drying. We classify the coffee by its size and distribute it to the world.

Dialog

M: Why is the grade of coffee so different?
커피의 등급이 다른 이유가 뭔가요?

W: To sort the size and divide by quality.
크기를 분류해서 질이 좋은 커피와 아닌 커피를 구분하는 것이지요.

M: Is bigger better?
크기가 큰 것이 좋은 건가요?

W: Mostly. However, there are more important things. Do you know what it is?
일반적으로 그렇습니다. 하지만 그보다 더 중요한 것이 있어요. 무엇인지 아시나요?

M: Color?
색인가요?

W: High and uniform density are more important than that. The more area has a wide daily temperature range, the more coffee has high and uniform density.
그것보다 더 중요한 건 밀도가 높고 균일해야 한다는 겁니다. 보통 일교차가 큰 고지대에서 자란 커피가 밀도가 높습니다.

05. Blending & Roasting

마실 수 있는 커피를 만들기 위해 필요한 공정을 이해하고 고객에게 설명할 수 있다.

Point 1. Blending

Point 2. Roasting

그린 커피 빈은 유통된 이후, 블렌딩과 로스팅을 거쳐야 우리가 마실 수 있는 커피가 될 수 있는데, 이 과정의 필요성과 중요성을 흥미롭게 이해하자.

Point 1. Blending

보통 품질이 좋은 단일 커피는 블렌딩을 하지 않고 추출하여 스트레이트 커피로 즐겨 마시기도 한다. 그러나 커피 빈의 원산지, 품종, 가공방법 등에 따라 혼합을 하고 그 비율을 달리하면 새로운 맛과 향을 가진 커피를 만들 수 있다. 커피 회사에서는 주로 한 가지 종류의 커피에 의존하는 것은 위험하다는 것을 알고 더 나아가 커피의 질을 향상시키면서 그 질을 변함없이 지속하기 위해 서로 다른 커피를 조화시키는 블렌딩을 하고 있다.

What is the reason for blending coffee?

커피를 블렌딩하는 이유는 무엇인가요?

Useful Practices **Which company blends coffee?**

커피를 블렌딩하는 회사는 어디인가요?

Customers know the difference in coffee taste.

고객은 커피 맛이 서로 다름을 알고 있다.

Useful Practices **Customers know the difference in coffee aroma.**

고객은 커피 향이 서로 다름을 알고 있다.

In your company, is there special recipe for blending?

당신 회사에서는 블렌딩을 할 때 특별한 레시피가 있나요?

Useful Practices **What kind of coffee does your company blend?**

당신 회사에서는 어떤 종류의 커피를 블렌딩하나요?

Point 2. Roasting

그린 커피 빈의 상태를 현재 우리가 마실 수 있는 커피로 만들려면 200~250℃의 열을 가해 커피 특유의 맛과 향을 생성해야 한다. 그렇게 열을 가하면 물리적으로 색, 구조, 밀도 등의 변화가 있고, 화학적으로 향, 성분 등의 변화가 있다. 순서상으로 블렌딩 후 로스팅과 로스팅 후 블렌딩은 각각의 장단점이 있다. 로스팅 이후에는 즉시 냉각시키고 위생적으로 올바르게 보관할 수 있도록 포장해야 한다.

Why is coffee roasted?

커피를 로스팅하는 이유는 무엇인가요?

Useful Practices **Why is coffee chilled?**

커피를 냉각하는 이유는 무엇인가요?

French roasting has strong bitter taste.

프렌치 로스팅의 경우 커피는 쓴맛이 강하다.

Useful Practices **Light roasting's bitter taste is weak.**

라이트 로스팅의 경우 커피는 쓴맛이 약하다.

Roasting changes the ingredient of coffee.

로스팅은 커피 빈 성분의 변화를 가져온다.

Useful Practices **Roasting changes the color and the aroma of coffee.**

로스팅은 커피 빈 색과 향의 변화를 가져온다.

각각의 커피 빈이 지니고 있는 특성을 적절하게 배합하여 소비자의 취향에 맞도록 균형 잡힌 맛과 향을 내기 위해 커피를 조화시키는 과정을 블렌딩이라고 한다. 예를 들어 신맛이 강한 커피에는 쓴맛을 더할 수 있고, 질이 낮은 커피에는 질이 높은 커피를 더할 수 있다. 그리고 그린 커피 빈의 상태를 우리가 마실 수 있는 커피로 만들기 위해 가열하여 볶는 과정을 로스팅이라고 한다. 로스팅을 약하게 하면 신맛이 강해지고, 로스팅을 강하게 하면 쓴맛이 강해진다.

Mixing the coffee beans and making the balanced taste and aroma is called blending. For instance, you can add a bitter taste when the coffee contains too much sour taste. Low quality of coffee needs to add higher quality of coffee. Moreover, you need to heat and roast the grinded coffee bean to make it possible to eat. This process is called roasting. Temperature and time are two important variables to consider when roasting coffee. Poor roasting grows strong taste of sourness, while tolerant roasting grows strong taste of bitterness.

Dialog

C: What is today's special coffee?
오늘의 추천 커피는 무엇인가요?

O: Today's special coffee is Americano. Today light roasting of coffee beans is used, so you can enjoy lighter taste.
금일 추천 커피는 아메리카노입니다. 오늘은 라이트 로스팅된 커피 빈을 사용하고 있어 보다 가벼운 커피를 맛있게 즐기실 수 있습니다.

C: Really? A cup of hot Americano and a chocolate cake, please.
오 그래요. 따뜻한 아메리카노 한 잔과 초콜릿 케이크를 부탁드립니다.

O: Coming right up.
네, 바로 가져다드리겠습니다.

C: Is the coffee blended here?
그런데 이곳에서 판매하는 커피는 블렌딩이 되어있나요?

O: Africa's and Brazil's coffee is blended.
아프리카와 브라질 커피가 블렌딩되어 있습니다.

주요단어 정리

PART I. Introduction	
Definition [defi|nɪʃn]	[명사] 정의 - clear simple definitions 명확하고 간결한 정의
Legend [ledʒənd]	[명사] 전설 - the legend of Robin Hood 로빈 후드 전설
Beverages [bevərɪdʒ]	[명사] (격식) (물 외의) 음료 - nonalcoholic beverages 비알코올성 음료
Brew [bru:]	[동사] (맥주를) 양조하다 - Brew beer. 맥주를 양조하다.
Discover [dɪ|skʌvə(r)]	[동사] (무엇의 존재를) 발견하다 - Cook is credited with discovering Hawaii. 쿡 선장이 하와이를 발견한 것으로 여겨진다.
Originally [ə|rɪdʒənəli]	[부사] 원래, 본래 - My home was originally in Boston. 원래 내 고향은 보스턴이다.
Herdsman [h3:rdzmən]	[명사] pl. -men / -mən / 목동
Spread [spred]	[동사] (접혀 있던 것을) 펼치다[펴다] - to spread a cloth on a table. 천을 탁자 위에 펼치다.
Effective [ɪ|fektɪv]	[형용사] 효과적인 - come up with an effective counterplan. 효과적인 대응 방안을 마련하다.
Awaken [ə|weɪkən]	[동사] (잠에서) 깨다[깨우다] - She awakened to the sound of birds singing. 그녀는 새들이 지저귀는 소리에 잠이 깨었다.
Digestion [daɪ|dʒestʃən]	[명사] 소화 - promote digestion 소화를 촉진하다
Extract [ɪk|strækt]	[명사, 동사] 1. 발췌, 초록 2. 추출물 3. 뽑다, 추출하다.

Diverse [daɪ|v3:rs]	[형용사] 다양한 - people from diverse cultures 다양한 문화권 출신의 사람들
Fortunetelling [|fɔ:rtʃu:ntèliŋ]	[명사] 길흉 [운세] 판단, 점 - I have doubts about fortunetelling. 저는 운세를 미심쩍게 여겨요.
Depending on [dipénding ɑ:]	~을 신뢰하다 [믿다] - He was the sort of person you could depend on. 그는 신뢰할 수 있는 그런 사람이었다.
Consume [kən|su:m]	[동사] (특히 연료 · 에너지 · 시간을) 소모하다 - Consume a bottle of whiskey. 위스키 한 병을 다 마셔버리다.
Adjust [ə|dʒʌst]	[동사] (약간) 조정[조절]하다 - Watch out for sharp bends and adjust your speed accordingly. 급커브들을 조심하고 그에 따라 속도를 조절하라.
Climatic condition [klaɪ|mætɪk kən|dɪʃn]	기상조건 - harsh climatic condition 열악한 풍토적인 조건
Cultivation [|kʌltɪ|veɪʃn]	[명사] 경작; 재배 - fertile land that is under cultivation 현재 경작 중인 비옥한 땅
Barley [|bɑ:rli]	[명사] 보리 - The barley is ripe and golden. 보리가 누렇게 익었다.
Proper [|prɑ:pə(r)]	[형용사] (명사 앞에만 씀) 적절한, 제대로 된 - Proper nutrition is essential to maintain your health. 적당한 영양 섭취는 건강 유지에 필수다.
Breed [bri:d]	[동사] 사육하다[재배하다] - Birds breed in to survive. 새는 살아남기 위해 동종 번식을 한다.
Mostly [|moʊstli]	[부사] 주로; 일반적으로 - The sauce for this pasta is mostly cream. 이 파스타의 소스는 주로 크림이다.
Generally [|dʒenrəli]	[부사] 대부분의 사람들이[에게], 일반적으로 - The plan was generally welcomed. 그 계획은 대부분의 사람들이 환영했다.
Produce [prə|du:s]	[동사] (상품을 특히 대량으로) 생산하다 - a factory that produces microchips 마이크로칩을 생산하는 공장

Equator [ɪ|kweɪtə(r)]	[명사] the equator (지구의) 적도 - an island near the equator 적도 부근의 섬
Rear [ríər]	[타동사] 1. 기르다, 교육하다 2. 사육하다; 재배하다; 길들이다 3. <높은 건물을> 세우다, 건립하다
Precipitation [prɪ|sɪpɪ|teɪʃn]	[명사] (전문 용어) 강수; 강수량 - an increase in annual precipitation 연간 강수량의 증가
Continent [|kɑ:ntɪnənt]	[명사] 대륙 - the continent of Africa 아프리카 대륙
Classification [|klæsɪfɪ|keɪʃn]	[명사] 분류 - a style of music that defies classification 분류가 안 되는 음악 양식
Harvest [|hɑ:rvɪst]	[명사] 수확[추수](기) - harvest time 수확기
Remove [rɪ|mu:v]	[동사] (어떤 곳에서) 치우다[내보내다] - He removed his hand from her shoulder. 그가 그녀의 어깨에서 손을 치웠다.
Several [|sevrəl]	[한정사-대명사] (몇)몇의 - Several letters arrived this morning. 몇 통의 편지가 오늘 오전에 도착했다.
Layer [|ler]	[명사] (표면 사이를 덮고 있는) 막[층] -A thin layer of dust covered everything. 모든 것 위로 먼지가 얇은 막처럼 덮여 있었다.
Husk [hʌsk]	[명사] (특히 곡물의) 겉껍질 - remove the husk. 껍질을 제거하다.
Density [|densəti]	[명사] 밀도(빽빽한 정도) - population density 인구 밀도
Ingredient [ɪn|gri:diənt]	[명사] (특히 요리 등의) 재료[성분] - Coconut is a basic ingredient for many curries. 코코넛은 많은 카레 요리의 기본 재료이다.

PART II
Service 1

01. Greeting

카페에서 고객을 맞이하는 태도를 이해하고 영접 서비스를 영어표현으로 실습할 수 있다.

Point 1. Warm greeting

Point 2. Eye contact with smile

Point 3. Use their name if possible

손님이 들어왔을 때 warm greeting으로 맞이하고 시종일관 eye contact with smile을 잊지 않으며 중간 중간 use their name if possible 한다면 성공한 Greeting이라고 할 수 있다.

Point 1. Warm greeting

직역하면 따뜻하게 맞이하는 법이다. 사람들은 자신에게 관심을 가져주는 것을 좋아한다. 우리가 카페를 방문할 때 카페주인이 인사를 하지 않는 것과 하는 것은 카페의 이미지에 큰 영향을 미친다. 바로 첫인상을 결정하는 중요한 행동이기 때문이다.

Hello.

안녕하세요.

Useful Practices **How is it going?**
잘 지내니?

It is a beautiful day today.

오늘 날씨가 좋네요.

Useful Practices **Nice day.**
좋은 날입니다.

이미 여러분이 알고 있는 표현으로 상대방에게 인사말을 건넬 수 있다. 일반적으로는 hello라는 표현보다 hi라는 표현을 즐겨 쓰지만 hello는 hi보다는 정중한 표현이므로 상황에 따라 hello라는 표현을 쓰기도 한다. 더불어 시간에 따른 표현이나 날씨에 따른 표현을 쓸 수 있다. 또한 카페에서는 간단한 인사뿐만 아니라 안부를 묻는 표현도 쓰기도 한다.

1. 간단한 인사말	2. 시간 인사말
• Hi • Hello	• Good morning • Good afternoon • Good evening • Good night
3. 날씨 인사말	**4. 안부 인사말**
• What is the weather like today? • It is a beautiful day today. • Nice day. • The weather is really off.	• What is going on? • How is it going? • How are things? • How are you doing?

1과 2는 가볍게 할 수 있는 인사이며 3은 주제 전환을 통해 공감대를 형성하기 좋은 대화이다. 4는 동네 카페에서 단골에게 안부를 물을 수 있는 표현이다. 다목적의 카페가 다양한 모습으로 자리를 잡고 있는 것과 같이 상황에 따라 마주하는 사람에 따라 각기 다른 인사말을 활용해야 한다.

Point 2. Eye contact with smile

가장 중요한 Point이다. 아무리 맛이 있는 커피라도, 아무리 디자인이 좋은 카페라고 해도 친절함[kind]이 없다면 모든 것이 의미가 없어진다. 눈을 마주치고 웃음을 잃지 않는 것이 모든 것의 시작이다.

Point 3. Use their name if possible

진짜 이름을 부르라는 말이 아니다. 손님에게 집중하고 있다는 표현을 지속적으로 해야 한다는 뜻이다. 또한 어떠한 요청에도 부정적인 단어를 사용하기보다는 아래와 같은 긍정적인 표현을 해야 한다.

- Of course
- No problem
- Sure
- I would love to help
- Call me any time if you need help
- I will do my best
- Let me know if you need help

단, 요청사항을 들어줄 수 없을 때는 반드시 양해를 구하는 표현을 해야 한다.

I am sorry to have kept you waiting

앞에서 익힌 3 Points를 바탕으로 손님을 처음 맞이하는 Greeting 단계에서 일어날 수 있는 상황을 실질적으로 배워보자.

Greeting situation 1. 자리

Which seat would you prefer?

어느 자리에 앉으시겠습니까?

I am sorry but that seat is taken.

죄송하지만 거기는 이미 자리가 있습니다.

Excuse me. There is no vacant table now. Could you wait a moment, please?

지금 빈자리가 없는데 잠시만 기다려 주시겠습니까?

I will show you to your table. This way, please. Please, take a seat.

테이블로 안내하겠습니다. 이쪽입니다. 자리에 앉으세요.

Greeting situation 2. 일행 묻기

How many are there?

몇 명이십니까?

Table for two?

2명인가요?

Greeting situation 3. 가져다주기

I am sorry. I will bring one right away.

죄송합니다. 바로 가져다 드리겠습니다.

Dialog

A: Hi. How many are there?
안녕하세요. 몇 분이신가요?

B: Two. We are bringing our small daughter so we need a high chair or something like that.
두 명입니다. 어린 딸아이와 함께 왔으니 아이용 의자를 부탁드려도 될까요?

A: Yes, of course. I will bring one right away.
네. 바로 가져다 드리겠습니다.

B: Do you mind if I sit here?
여기에 앉으면 되나요?

A: I am sorry but that seat is taken. (Excuse me. There is no vacant table now.) Could you wait a moment, please?
죄송하지만 이미 자리가 있는 곳입니다. (빈자리가 없습니다.) 잠시만 기다려 주시겠습니까?

B: That is okay. I will wait.
네. 기다리겠습니다.

A: I am sorry to have kept you waiting. Come here, please.
기다리게 해서 죄송합니다. 이쪽으로 와주세요.

B: I am very good! Thanks.
감사합니다.

Mock test

02. Ordering

커피를 주문하는 법과 주문받는 법을 명확히 하고 이를 매장에서 사용할 수 있어야 한다.

Point 1. Up-selling

Point 2. Cross-selling

Point 3. Repeating

외국인 손님이 갑자기 들이닥쳤을 때 눈만 똘망똘망 뜨고 웃고 있을 수만은 없다. 지금부터 여러분이 외국에 나갔을 때 또는 외국인 손님이 당신의 가게에 방문했을 때 당황하지 않고 어떻게 대처해야 하는지 알아볼 것이다. 생각보다 복잡하거나 어려운 단어가 아닌 쉽고 간단한 대화가 필요하니 긴장을 풀고 시작해도 된다. 주문을 받는 과정에서 챙겨야할 3 Points를 먼저 살펴보고 내용에 들어갈 것이다.

용어가 생소할 수 있으나 생각보다 간단하다.

Up-selling | 고객에게 보다 가치 있는 제품을 추천하는 것

Cross-selling | Side dish를 main menu에 곁들여 판매하는 것

Repeating | 쿠폰이나 할인권을 제공하여 재방문을 유도하는 것

Point 1. Up-selling

단순히 고객이 원하는 상품을 빠르게 주는 것이 아니라 고객과 친밀한 관계를 유지하며 동시에 전략적인 판매기법을 활용해야 한다. 그 중 하나가 바로 Up-selling이다. 같은 고객에게 보다 가치 있는 높은 가격의 상품을 제시하여 고객에게 전문성을 보여줄 수 있다. Up-selling을 할 때에는 강요를 하거나 손님에게 부담감을 주면 안 된다. 간단히 제안하는 어투로 얘기하고 앞서 Greeting 단원에서 배웠듯이 eye contact with smile을 잊지 않아야 한다. 또한 손님이 거절의 뜻을 표현하면 바로 수긍하며 손님이 원하는 바를 적극 수용해야 한다.

I am sorry (afraid), it (coffee) is sold out.

죄송하지만 커피가 모두 판매되었습니다.

Useful Practices **How about ade, instead?**

대신에 다른 메뉴인 에이드는 어떠십니까?

We launch a new product. Would you like to try it.

새로운 메뉴가 출시되었는데 드셔보시겠습니까?

Useful Practices **How about this? It is a seasonal special menu.**

계절상품으로 나온 메뉴는 어떠십니까?

How about watermelon juice? It is a seasonal special menu.

수박주스는 어떠세요? 이번 계절상품입니다.

꾸준히 새로운 상품을 만들어야 한다. 하지만 이것을 고객에게 어떻게 제시하는지도 중요하다. 새로운 상품을 구매할 시에는 size-up을 해주거나 쿠폰을 발행하는 식으로 고객이 반응할 수 있는 자극을 적절히 제공해야 한다.

Point 2. Cross-selling

커피를 사는 고객은 샌드위치나 빵과 같은 side dish를 함께 구매하는 경우가 많다. 이를 적극 활용하여 같은 고객에게 동시에 다른 상품을 판매하는 전략이다.

Would like your A with B?

A에 B를 곁들이는 건 어떠세요?

Useful Practices **Would you like anything else?**

다른 거 필요한 건 없으세요?

Useful Practices **Anything to drink?**

마실 건 필요 없으세요?

이같은 경우는 우리가 햄버거 가게에서 쉽게 접할 수 있는 판매 전략 중 하나이다. 햄버거를 주문하게 되면 보통 종사원은 "Anything to drink?"라고 되묻는다. 이는 음료를 마실 것인지에 대한 권유로 사려는 상품 외에 추가로 판매를 유도하는 것이다. 고객이 주문하는 상품에 적절한 side menu를 개발하고 이를 정확하게 인지하고 있어야 이 전략을 보다 유용하게 활용할 수 있다.

Point 3. Repeating

이 전략은 두 가지로 나누어 해석할 수 있는데 첫 번째는 할인쿠폰이나 고객카드 등, 다양한 이벤트를 활용하여 고객이 재방문할 수 있도록 유도하는 것을 말하는 것이다. 두 번째는 고객이 주문한 바를 실수 없게 처리하기 위해서 주문을 재차 반복하여 이야기하는 기법을 일컫기도 한다. 이처럼 판매기술 전략을 잘 매치하여 마케팅을 한다면 가게의 특색도 살리고 단골 손님도 늘릴 수 있을 것이다. 현대는 상품의 품질과 맛만큼 서비스도 중요한 시대이기 때문이다.

Order situation 1. 주문받기

May I take your order?
주문하실 건가요?

Do you wish to order?
필요하신 거 있나요?

Are you ready to order?
(무엇을 주문할지) 결정하셨나요?

Can I get you anything?
결정하셨나요?

What kind of beverage would like to order?
어떤 음료를 원하시나요?

Order situation 2. 사이즈 묻기

What size? (Small<Medium< Large< Extra Large)

어떤 사이즈로 하실 건가요?

Order situation 3. 대답하기

Yes, Sir. / Very well, Sir. / Certainly, Sir.

네, 알겠습니다.

I will be right back with your order.

지금 바로 주문 들어가겠습니다.

Order situation 4. 종류 묻기

Which do you prefer hot or iced coffee?

따뜻한 커피와 시원한 커피 중 어느 것으로 하시겠습니까?

Room for cream?

크림을 추가하시겠어요?

Order situation 5. 포장 여부 묻기

For here or to go?

여기서 드시겠어요? 아니면 가져가시겠어요?

위 표현들은 우리가 일반적으로 커피전문점에 들어가서 마실 음료를 고민한 후 선택할 때에 일어나는 대화이다. 종사원이 무엇을 주문할지 물어보면 손님은 자신이 원하는 음료를 주문한다. 일반적으로는 Can I have a __________ please? 와 같은 문장을 이용하여 주문을 하지만 자신이 마시고자하는 음료의 종류만을 이야기하기도 한다.

무궁무진한 종류 때문에 아직 마음을 먹지 못했다면 카운터 앞, 혹은 라인[line]에서 한 발짝 떨어진 곳에서 메뉴를 봐야 한다. 지금 당장 주문할 것도 아니면서 카운터 바로 앞에 서 있다면 주문을 받으려는 종사원과 주문을 하려는 다음 손님 모두에게 혼란을 주게 된다. 혹시나 아직 결정하지 못한 상황이라면 Sorry, but I need more time 또는 I am not ready (to order)라고 이야기하면 된다.

읽을거리 커피를 맛있게 주문하기 위한 상식

1) 에스프레소의 개수

위의 그림처럼 음료 메뉴의 종류는 다양하며 컵의 사이즈에 따라 들어가는 에스프레소 양을 다르게 조절할 수 있다. 본인이 주문하는 음료수의 사이즈에 원하는 개수의 shot이 들어갔다면 굳이 shot의 수를 명시하지 않아도 괜찮지만 별도로 shot을 추가하고 싶다면 다음과 같은 표현으로 shot을 추가할 수 있다.

Can I have a grande, iced Caramel macchiato
→ with an extra shot added to it?
→ with an additional shot added to it?

또는 좀 더 쉽게 표현하기 위해서는 grande size에서 shot 추가를 하는 것이므로 Can I have a grande, triple, iced Caramel macchiato?라고 표현할 수 있다(*grande size에서는 double shot이 들어감). 만약 4개의 shot을 원할 경우에는 quadruple이라는 표현을 사용하면 된다.

2) 우유

shot의 수를 정했다면 이제 우유의 차례이다. 일반적으로 우리는 라떼에 우유가 들어간다고 알고 있고 이는 사실이지만 우유의 종류는 생각보다 다양하다. 그리고 그 다양한 우유 중 하나를 선택해서 주문할 수 있다. 우유 종류의 명칭과 우유를 선택하여 주문할 수 있는 방법은 다음과 같다.

[우유 종류별 명칭]

- 일반우유 = Regular/Whole milk
- 저지방 우유 = Reduced fat/ 1%, 2%, 3% milk
- 두유 = Soy milk
- 크리머 = Half and half
- 무지방 우유 = Skim or fat free milk

위와 같이 일반 우유가 아닌 원하는 우유의 종류로 주문을 하고 싶을 때는 Can I get a grande, triple, iced Caramel macchiato with skim milk?와 같이 with _____(우유 종류)로 표현하면 된다.

3) 설탕

한국은 미국에 비하면 설탕을 많이 소비하지 않는 편이다. 미국은 한해 1조원 상당의 시장이 형성된다고 하니 설탕을 얼마나 많이 소비하는지 가늠할 수 있다. 그래서 우리나라는 설탕을 각설탕(또는 가루설탕)이나 설탕시럽 정도로 구분할 수 있지만 미국은 설탕의 종류 또한 우유의 종류만큼 다양하다.

[설탕종류]

- 일반 설탕 = Regular sugar
- 가공하지 않은 갈색 설탕 = Sugar in the raw
- 파란색의 이퀄 = Equal
- 흰색의 트루비아 = Truvia
- 갈색 설탕 = Brown sugar
- 노란색의 스플렌다 = Splenda
- 분홍색의 스윗앤로우 = Sweet and Low

우유를 추가한 것과 같이 with 구문을 활용하면 된다.

> Can I get a grande, triple, iced Caramel macchiato **with** skim milk and three Splenda?
> 원하는 설탕/인공설탕의 양과 종류?

만약 위에서 Hi. May I take your order?라고 물어봤을 때 간편하게 Can I get a grande, triple, iced Caramel macchiato with skim milk and three Splenda?와 같은 문장을 말할 수 있다면 번거롭게 여러 번 묻거나 대답하는 과정을 건너뛸 수 있다. 마지막으로 한 문장으로 함께 정리해보자. 그리고 자신이 주문하고 싶은 방식의 커피를 문장으로 만들어 말해보자.

[주문 시 유의사항]

Can I get a 1) 사이즈, 2) shot, 3) 타입, 4) 종류 with 5) 우유 and 설탕

주문받기

음료를 주문하고 난 뒤에는 음료에 관련된 상세정보에 대한 대화가 일어나게 된다. 위의 대화에서 묻고자 하는 바가 무엇인가. 바로 커피의 타입이다. 커피가 가장 맛있는 온도와 종류별로 적정한 온도는 모두 상이하나 일반적으로 주문을 할 때는 커피의 온도가 아닌 hot 혹은 ice로 구분되어 주문된다.

종사원은 손님이 원하는 바를 확인하기 위해 Which do you prefer hot or iced coffee?라고 묻는데 이에 따른 대답은 아래와 같이 다양하다.

Can you get me an iced Americano?
I would like an iced Americano, please.
Can I have a warm Americano?
Hot please.

위와 같은 방식으로 의사표현을 할 수 있다. 하지만 앞에서 말했듯이 이같은 표현은 대략적인 표현이지, 정확한 온도는 아니다. 주문할 때 Above 50 degrees please처럼 정확한 온도는 아니어도 다음과 같은 표현을 통해 개인의 선호에 맞는 주문을 할 수 있다.

Easy on the ice please.
I want my Americano nice and hot.
I want my Americano hot.

사이즈 묻기

다음은 커피의 사이즈이다. 물론 커피전문점마다 명칭하는 커피의 사이즈는 상이하지만 일반적인 사이즈의 순서는 다음과 같다.

- Small < Medium < Large < Extra Large
- Short < Tall < Grande < Venti

Short와 Tall은 익숙한데 Grande와 Venti는 익숙하지 않다면 그 유래를 살펴보면 쉽게 이해할 수 있다. Grande는 프랑스어로 '크다'라는 어원을 가지고 있으며 Venti는 이탈리어로 '20'의 뜻을 가지고 있다.

- Short (8온스=237 mL), Tall (12온스=355 mL)
- Grande (16온스=473 mL), Venti (20온스=591 mL)

더 추가하기

이제 커피는 완성됐지만 아직 주문은 끝나지 않았다. 부가적으로 커피에 무언가 들어가는 경우에 따라 추가주문을 할 수 있다.

- Room for cream? 크림을 추가하시겠어요?
- 우유를 많이 사용해 옅은 커피
  Light with milk, Extra milk, A drop of milk, Splash of milk, A hint of milk.
- 우유를 적게 사용해 진한 커피
  Light on the milk, Little (than normal amount of) milk, Not heavy on the milk.

- 우유와 커피의 완벽한 조화

  Not to light and not too dark, just about right.

  주문에 더하고 덜하고를 선호에 따라 표현할 수 있다.

포장 여부

포장 여부를 물을 때 일반적으로 For here or to go?가 아닌 take out이라는 말로 표현한다. 즉, 마시고 갈 것인지 아니면 가지고 갈 것인지 묻는 것이다. 이에 대한 대답으로는 편하게 here이나 to go라고 표현하면 된다. 일반 음식점이나 패스트 푸드점에서 포장해 가져가는 음식을 take out이라고 하는데, 이것은 미국식 영어로, 영국에서는 take away라고 한다. 그런데 take out은 포장이라는 형태를 말하고, 실제로 음식점에서 주문을 할 때는 이동하는 행위의 표현인 to go라는 용어를 쓴다. 특히 커피나 차는 온도에 민감한 음료이므로 to go할 때 주의가 필요하다. 반면 영국에서는 주문 시 to go보다는 take away를 사용해 말한다고 한다. 만약 음식점이 아닌 카페에서 주문한다면 take out이라는 표현을 쓰지 않는 것이 올바른 상식이다.

Dialog

A: Hi. May I take your order?
주문 하시겠습니까?

B: Umm… Can I have an Kaffe Einspänner please?
음… 아인슈페너 한 잔 주세요.

A: Which do you prefer hot or iced coffee?
따뜻한 것과 차가운 것 중 어떤 걸로 드릴까요?

B: Can you get me an iced Americano?
차가운 음료로 부탁드려요.

A: What size?
어떤 사이즈로 드릴까요?

B: Small please.
스몰이요.

A: Room for cream?
크림을 올려드릴까요?

B: Yes, thanks. (No, thanks.)
네. (아니요).

A: For here or to go?
여기서 드시나요? 포장하시나요?

B: Here.
먹고 가겠습니다.

Mock test

03. Serving

음료를 서빙하는 표현을 알고 이를 활용하여 빠르게 음료를 서브할 수 있다.

Point 1. Provide within 5 minutes after taking orders

음료를 서비스할 때 앞에서 학습한 eye contact with smile도 중요하지만 신속성 · 정확성도 중요하다. 고객의 필요에 따라 음료를 주문했을 때 주문한 음료가 빠르고 정확하게 서비스된다면 고객이 만족하는 서비스가 될 수 있고, 이는 장기적으로 충성고객 수를 늘릴 수 있는 좋은 방법 중에 하나이다. 흥미롭게 익혀보자.

Point 1. Provide within 5 minutes after taking orders

식당에서 음식을 주문했는데 한참 동안 기다려본 경험이 있을 것이다. 음식도 마찬가지지만 특히 음료와 같은 경우는 뜨겁거나 차가운 상태로 먹어야 하기 때문에 더욱 신속성을 요한다. 손님의 입장에서 시킨 지 30분쯤 되어 나오는 음료나 디저트는 먹기 싫어질 것이다. Speed와 관련 있는 Point를 상세히 살펴보고 서브할 때에 발생할 수 있는 상황을 영어로 익혀보자.

Serving

Thank you for waiting, Sir. Your OOO is ready.

기다려주셔서 감사합니다. 주문하신 음식이 나왔습니다.

Please enjoy your OOO.

맛있게 드세요.

위와 같은 상황은 착오 없이 정상적인 시간 내에 음식을 전달하는 과정에서 하는 표현이다. 그와 반대로 음식 전달 과정에서 착오가 생겼을 때의 상황은 아래와 같다.

Mistake

I am really sorry. I will make a new one right away.

정말 죄송합니다. 다시 새로운 것을 만들어 오도록 하겠습니다.

Please take my apology. I will get it right away.

사과드리겠습니다. 바로 나올 수 있도록 하겠습니다.

첫 번째 상황은 주문한 음식이 아닌 음식이 나오거나 음식에 이상이 있을 때 사과하는 상황이다. 두 번째 상황은 주문한 음식 중에 빠뜨린 것이 있어 사과하는 상황이다.

Mock test

Dialog

A: Thank you for waiting, Sir. Your coffee is ready.
(Here is your coffee). Please enjoy your coffee.
기다려주셔서 감사합니다. 주문하신 커피입니다. 맛있게 드세요.

B: Oops, you gave me a wrong one.
(You missed my order).
이거 아닌데요?

A: I am really sorry. I will make a new one right away.
(Please take my apology. I will get it right away).
정말 죄송합니다. 바로 다시 드리겠습니다.

주요단어 정리

PART II. Service 1	
prefer [prɪ|fɜ:(r)]	[동사] (다른 것보다) …을 (더) 좋아하다[원하다/택하다], 선호하다 - prefer coffee to tea 차보다 커피를 더 좋아하다
vacant [|veɪkənt]	[형용사] (의자 · 호텔 객실 · 집 등이) 비어 있는, 사람이 없는 [안 사는] - There are a couple of vacant aisle seats. 통로쪽 빈 좌석이 몇 개 있습니다.
instead [ɪn|sted]	[부사] 대신에 - it is used instead of ··· 그것은 ···의 대용으로 쓰인다.
seasonal [|si:zənl]	[형용사] 계절적인, 계절에 따라 다른 - try the seasonal delicacy 계절의 별미를 맛보다
splash [splæʃ]	[동사, 명사] 끼얹다, (음료에 타는 소량의 액체) 방울[조금] - coffee with just a splash of milk 우유를 한 방울만 넣은 커피

PART III
Service 2

01. Satisfaction

음료를 마시는 고객의 만족도를 파악하고 이를 활용하여 보다 고객의 취향에 적합한 음료를 제공할 수 있다.

Point 1. Check within 1 minute after serving

고객이 매장을 떠날 때에도 당연히 그들의 만족도를 물어보겠지만 그 전에 바로 확인하는 것도 반드시 필요하다. Serving이 된 이후 1분 안에 신속하고 친절하게 만족도를 물어보는 방법을 흥미롭게 이해하자.

Point 1. Check within 1 minute after serving

음료나 음식의 맛은 고객에게 초점이 맞추어져 있어야 한다. 이를 알기 위해서는 지속적으로 그들의 만족도를 체크할 필요가 있다. 만족도를 체크할 경우 이를 데이터베이스화 하여 더 나은 서비스를 제공할 수 있다. Satisfaction을 체크하는 과정에서 발생할 수 있는 상황을 영어로 익혀보자.

Positive reaction

Everything is good.
Perfect! / Wonderful!
This coffee tastes funny!

Negative reaction

This coffee tastes strange!
This coffee tastes awful!
This wine tastes bad!

Others

It is a little bit different than usual.
평소와 조금 다르다.

Is he the new staff?
저 사람 신입인가요?

반응에 따라 앞에서 익힌 사과나 감사의 표현을 적절하게 하면 큰 문제없이 고객들의 만족도를 체크할 수 있을 것이다.

Dialog

A: How is your coffee?
커피 맛은 어떠세요?

B: Good! Thank you.
좋아요. 감사해요.

A: Please call me if you need more.
더 필요한 게 있으시면 불러주세요.

B: Yeah, thanks, we will.
네.

Mock test

02. Complain

불만을 수용하는 표현을 배우고 활용하여 나은 품질의 서비스를 제공할 수 있다.

Point 1. Hear complaint

Point 2. Receive complaint

고객은 다양한 이유로 불만을 표출할 수 있는데, 불만을 듣고 수용하는 영어 표현을 흥미롭게 이해하자.

Point 1. Hear complaint

음료가 식은 채로 서브되었을 경우, 음식의 간이 맞지 않을 경우부터 실내 온도가 낮거나 높을 경우, 의자 모양이 편하지 않을 경우 등, 고객이 불만을 표출할 수 있는 경우의 수는 매우 다양하다. 특히 불만을 제기할 때에는 실제로 문제가 있는 경우도 있지만 객관적으로는 문제될 것이 없으나 고객 개인이 싫어하는 경우도 불만을 제기할 수 있다.

Claim	Complain
고객의 객관적인 평가: 어느 고객이나 제기할 수 있는 객관적인 문제점.	고객의 주관적인 평가: 개인이 불만족스러운 상품이나 서비스에 관한 불만을 전달하는 것.

Claim

The table is messy. Would you clean up the table?

여기 테이블이 지저분합니다. 좀 치워주시겠습니까?

Useful Practices **The floor is messy. Would you clean up the floor?**
여기 바닥이 지저분합니다. 좀 치워주시겠습니까?

Room temperature is so low. Would you turn up the heat?

실내 온도가 너무 낮습니다. 좀 높여주시기 바랍니다.

Useful Practices **The music is so loud. Would you mind turning down the music?**
음악소리가 너무 큽니다. 좀 낮춰주시기 바랍니다.

This spoon is too small to use. Would you give me a bigger one?

스푼이 너무 작아서 사용하기 불편합니다. 조금 더 큰 스푼을 주시겠습니까?

Useful Practices **This fork is too big to use. Would you give me a smaller one?**
포크가 너무 커서 사용하기 불편합니다. 조금 더 작은 포크를 주시겠습니까?

There is no syrup in the service station.

서비스 스테이션에 시럽이 없습니다.

Useful Practices **There are no people waiting but the waiting time is too long.**
기다리는 사람도 없는데 대기시간이 너무 깁니다.

Complain

There are no people waiting but the waiting time is too long.

기다리는 사람도 없는데 주문을 너무 늦게 받네요.

Useful Practices **The waiting time is too long for drink.**
음료가 너무 늦게 나오네요.

You didn't ask. Please, not paper cup, but mug cup.

물어보지 않았잖아요. 종이컵 말고 머그컵으로 주세요.

Useful Practices **I said, "Fill up the glass with ice, because I need more."**
나는 얼음이 더 필요하니까 컵에 얼음을 가득 채워주세요.

불만을 제기하는 고객은 어조가 격양되어 있고 의사를 표출하려는 성향이 강하다. 고객이 불만을 표출할 때에는 모두 표출할 수 있도록 경청하는 자세를 취하고 안정을 찾을 수 있도록 도와주어야 한다.

Point 2. Receive complaint

카페 종사원은 고객이 불만을 표출할 때 대처할 수 있는 순발력이 필요하다. 서비스는 인적자원이 제공하므로 표준화할 수 없지만 불만고객을 대처할 수 있는 원칙을 정해 각기 다른 종사원이 불만처리를 하더라도 긍정적인 같은 결과가 나올 수 있도록 해야 한다. 불만사항을 모두 들은 후에는 죄송한 마음을 공손하게 표출한 후 대처할 수 있는 방안을 찾아 신속히 고객의 마음을 되돌릴 수 있어야 한다.

경청	원인 파악
공감	이해 표출
사과	긴급 복구
보상	해결 제안
확인	불만 제거

I am really sorry. I will deal with your complaint very quickly.

정말 죄송합니다. 고객님의 불만 사항을 빠르게 해결해드리겠습니다.

I can handle (solve) it. Would you mind waiting for a while?

제가 해결할 수 있으니 잠시만 기다려주세요.

We are sorry about the inconvenience.

불편하게 해드린 데 대해 사과드립니다.

This is beyond my power. I will talk to my manager right now.

많이 불편하셨겠습니다. 곧 점장님께 말씀드리겠습니다.

Mock test

03. Payment

지불 표현 방법을 알고 이를 활용하여 알맞은 방법으로 결제를 할 수 있다.

Point 1. Confirm the order, satisfaction check

계산을 하는 상황에서 기분 좋게 마무리하기 위한 노력을 흥미롭게 이해하자.

Point 1. Confirm the order, satisfaction check

보통 음식을 주문할 때 혹은 음식을 먹은 후 계산할 때에는 정확하고 신속하게 해야 한다. 주문할 때에는 따뜻한 환대와 함께 음식의 주문을 받고, 주문한 음식을 정확하게 한 번 더 확인해야 한다. 음식을 먹은 후에는 환송과 함께 금액에 맞게 계산하고 만족도를 한 번 더 확인해야 한다.

Give me the bill, please.

계산서 가져와주시면 감사하겠습니다.

You had coffee and cheese cake. Is that correct?

커피와 치즈 케이크를 드신 것이 맞습니까?

Card or cash please?

카드 결제와 현금 결제 중 어느 것으로 하시겠습니까?

Here signature, please.

서명 부탁드립니다.

Dialog

A: Give me the bill, please.
계산서 주시겠어요?

B: Here.
여기 있습니다.

A: You had coffee, cheese cake. Is that correct?
커피와 치즈 케이크를 주문한 것이 맞나요?

B: Yes, correct. Do you accept card?
(Can I pay you in credit card for my bill?)
네. 카드 결제 가능합니까?

A: Yes, we do. Here signature, please.
네, 가능합니다. 여기 서명 부탁드립니다.

B: We want to have spilt check three ways.
세 명이서 나누어 결제하고 싶은데요.

A: No problem, Sir.
네.

Mock test

04. Farewll

올바른 표현을 이용하여 고객을 환송할 수 있다.

Point 1. Fondness

환송 서비스를 제대로 제공하기 위한 올바른 영어 표현을 흥미롭게 이해하자.

Point 1. Fondness

첫인상만큼 중요한 것은 바로 마지막이다. 고객이 문밖을 나서기 전까지 최선을 다해 서비스를 제공해야 한다. 그래야 그 고객이 바로 당신의 고객이 될 수 있기 때문이다. 친절함을 넘어서 오랫동안 알고 지낸 사이처럼 애정을 담아 인사하는 것이 이번 장의 Point이다. 다음에도 고객이 방문할 수 있도록 eye contact with smile을 유지하면서 다음과 같이 말해보자.

Thank you for coming.
와주셔서 감사합니다.

Hope to see you soon / again.
다음에 또 뵙겠습니다.

Have a nice day. Goodbye.
좋은 하루 되세요.

Dialog

A: Thank you for coming.
와주셔서 감사합니다.

B: Thank you, you too.
저도 감사합니다.

A: Hope to see you soon.
다음에 또 뵙겠습니다.

Mock test

주요단어 정리

PART III. Service 2	
Contact [ˈkɑ:ntækt]	[명사] (남과의 특히 정기적인) 연락[접촉] - I do not have much contact with my uncle. 나는 삼촌과 별로 연락을 안 한다.
Prefer [prɪˈfɜ:(r)]	[동사] (다른 것보다) …을 (더) 좋아하다], 선호하다 -"Coffee or tea?" "커피 아님 홍차[녹차]?" "I prefer tea, thanks." "홍차[녹차]로 할게, 고마워."
Vacant [ˈveɪkənt]	[형용사] 비어 있는, 사람이 없는[안 사는] - vacant properties 비어 있는 건물들
Certainly [ˈsɜ:rtnli]	[부사] 틀림없이, 분명히 - But certainly 물론 그렇고말고 / Certainly not 물론 (아니지)
Triple [ˈtrɪpl]	[형용사] 3부로 된, 3자[개]로 이뤄진 - Its population is about triple that of Venice's. 그 곳의 인구는 베니스 인구의 약 3배이다.
Provide [prəˈvaɪd]	[동사] 제공[공급]하다, 주다 - The hospital has a commitment to provide the best possible medical care. 저희 병원에서는 가능한 한 최고의 의료 서비스를 제공하는 데 전념하고 있습니다.
Apology [əˈpɑ:lədʒi]	[명사] ~ (to sb) (for sth) 사과 - He offered an apology for having raised a stink. 그는 물의를 일으킨 점에 대해 사과했다.
Awful [ˈɔ:fl]	[형용사] (비격식) 끔찍한, 지독한 - That is an awful color. 그건 끔찍한 색깔이야.

PART IV
Making

01. Machine

바리스타는 커피를 추출함에 있어 기계에 대한 지식을 알고 능숙하게 다룰 수 있으며 고객이 원하는 다양한 정보를 제공할 수 있어야 한다.

Point 1. Coffee Grinder
Point 2. Composition of machine
Point 3. Maintenance control

커피를 추출할 때에 필요한 기계와 구성을 사용할 때의 표현을 흥미롭게 이해하자.

Point 1. Coffee Grinder

로스팅한 커피는 그라인더를 이용해 알맞은 굵기로 분쇄해야 한다. 분쇄할 굵기의 정도는 커피를 추출하는 방법에 따라 다르지만 상대적으로 커피기계를 이용하여 커피를 추출할 때에는 얇은 분쇄 굵기가 필요하다. 호퍼에 커피를 넣고 그라인더를 작동시키면 분쇄기의 날이 커피를 분쇄한다. 분쇄된 커피는 자동으로 도저에 모이게 되는데, 이곳에 모인 분쇄커피는 레버를 당기면 그라인더 밖으로 꺼낼 수 있다. 그라인더로 분쇄한 커피는 강한 향을 내면서 산화하는데, 한 번 사용할 양만큼씩 분쇄해야 한다.

Grind coffee beans by grinder.
그라인더로 커피 빈을 분쇄한다.

Useful Practices **Grind coffee beans by a handmill.**
핸드밀로 커피 빈을 분쇄한다.

When you extract coffee with a machine, you have to use finely ground coffee.

기계로 커피를 추출할 경우 분쇄입자를 작게 해야 한다.

Useful Practices **When you make drip (brewed) coffee, you better use coarsely ground coffee.**

커피를 드립으로 추출할 경우 분쇄입자를 굵게 해야 한다.

When using a grinder, you should grind beans as needed.

그라인더를 사용할 때 필요한 만큼만 분쇄해야 한다.

Useful Practices **When using a grinder, do not grind too much quantity.**

그라인더를 사용할 때 많은 양을 분쇄하지 않는다.

Dialog

M: What is this machine?

이 기계는 무엇인가요?

W: This machine is for grinding coffee.

이것은 커피를 갈아주는 기계입니다.

M: How does it work?

어떻게 사용하나요?

W: Put some coffee beans into it, adjust the size, and then press the button.

커피 빈을 넣고 원하는 크기조절을 하여 버튼을 누르면 됩니다.

M: Does the extent of grinding make difference in the taste of the coffee?

입자크기에 따라 맛이 다른가요?

W: Of course, it does.

네, 맛이 다릅니다.

Point 2. Composition of machine

커피기계는 이탈리아에서 직원들이 커피 마시는 시간을 줄이기 위해 1901년 '베제라'에 의해 개발되었다. 커피기계는 분쇄한 커피를 밀폐된 공간에 넣고 온수를 높은 압력으로 통과시켜 최적의 성분을 지닌 에스프레소 커피를 추출할 수 있다. 여러 잔의 커피를 추출하여도 추출수의 온도가 항상 일정하게 유지되는 점이 좋은 기계이다. 커피기계의 주요 기능인 보일러 부분은 독립형 보일러와 일체형 보일러가 있다. 커피기계의 종류에는 수동, 반자동, 자동, 완전자동이 있다.

This machine extracts Espresso.

이 기계는 에스프레소 추출기계이다.

Useful Practices **Espresso coffee made made with an extracting machines contains good ingredients.**

기계로 추출한 에스프레소는 좋은 성분을 지니고 있다.

This machine makes various types of coffee.

이 기계로 다양한 커피를 만들 수 있다.

Useful Practices **Espresso is the most basic coffee of all.**

에스프레소는 다양한 커피 메뉴를 만들 때 기본으로 들어간다.

Dialog

M: I bought a small Espresso machine yesterday.
어제 소형 에스프레소 머신을 샀어.

W: Seriously? Did you try to use it?
정말이니? 사용해봤어?

M: Yeah. The taste was much better than drip coffee I used to drink.
내가 마시던 드립커피보다 맛이 좋았어.

W: How was your family or friend's testimonial? What did your family or friends say (about it)?
가족들이나 친구들의 반응은 어땠어? 가족이나 친구들은 뭐래?

M: They said it was very useful for the family use.
집에서 사용하기에 아주 좋다고 했어.

W: I would like to buy one, too.
나도 사고 싶다.

커피기계를 사용할 때에 필요한 구성품은 전원스위치, 추출패드와 추출버튼, 압력게이지, 그룹헤드, 포터필터, 스팀노즐, 드레인박스와 드레인라인이 있다.

Turn on the power.

전원을 켜다.

Useful Practices **Push the power button.**
전원스위치를 누르다.

It is good to keep the power on.

전원을 계속 켜두는 것이 좋다.

Useful Practices **Is it good to keep the power on?**
전원을 계속 켜두는 것이 좋은가요?

Dialog

O: Did you turn on the Espresso machine?
에스프레소 머신 전원은 켰나요?

C: Yeah, an hour ago.
예, 한 시간 전에 전원을 켰습니다.

O: Prior to extracting coffee, have the machine inspected.
커피 추출 전에 기계 점검을 해주세요.

Extract a cup of Espresso.
에스프레소 1잔을 추출한다.

Useful Practices **Extract 2 shots of Espresso.**
에스프레소 2잔을 추출한다.

Get a cup to extract Espresso.
에스프레소를 추출하기 위해 잔을 준비해주세요.

Useful Practices **Grind the coffee (beans) to extract Espresso.**
에스프레소를 추출하기 위해 커피를 분쇄해주세요.

Dialog

O: There are five different buttons for extracting coffee. Each button can extract an exact amount of coffee as you want, and there is a button for sequential extraction.
추출 버튼은 5가지가 있습니다. 각 원하는 양만큼의 커피를 추출할 수 있고, 연속 추출 버튼도 있습니다.

C: How do I use the sequential extraction function?
연속 추출 버튼은 어떻게 사용하나요?

O: To stop, press the button again after you get enough coffee.
추출이 원하는 만큼 이루어진 후에는 버튼을 다시 눌러 멈출 수 있습니다.

Extract coffee with the right pressure.

적정한 압력으로 커피를 추출한다.

Useful Practices **Does it tell us the pressure?**
이것이 압력을 알려주나요?

Is the pressure we see normal?

지금 이 압력이 정상인가요?

Useful Practices **Is the pressure we see abnormal?**
지금 이 압력이 비정상인가요?

Dialog

O: This pressure gauge normally indicates a low pressure. However, if you check this gauge while extracting, the appropriate pressure is between 7 to 9 bar.
커피기계를 사용하지 않을 때 압력게이지는 낮은 압력을 표시합니다. 그러나 추출 시 압력게이지를 보시면 압력이 올라가는데 적절한 압력은 7~9 bar 사이입니다.

C: Why is the pressure that high?
압력이 높아야 하는 까닭은 무엇인가요?

O: Because rapidly extracted coffee at high pressure has good singredients.
높은 압력으로 빠르게 추출해야 좋은 성분의 커피를 마실 수 있기 때문이지요.

Hot water comes out from here.

여기서 뜨거운 물이 나온다.

Useful Practices **The coffee extracts from here.**
여기서 커피가 추출된다.

Why are there two groupheads?

그룹헤드는 왜 두 개인가요?

Useful Practices **How does hot water come out from the grouphead?**

그룹헤드에서 어떻게 뜨거운 물이 나오나요?

Dialog

C: What is the function of this part?
이것은 어떤 역할을 하나요?

O: It binds the portafilter where the hot water comes out.
포터필터를 결합하는 부분이자 온수가 나오는 곳입니다.

C: Ah! It is a coffee extracting spot!
아~! 커피가 추출되는 곳이군요.

O: That is right.
예, 그렇습니다.

Portafilter is a part of the machine that holds the ground coffee.

포터필터는 분쇄한 커피를 담는 것이다.

Useful Practices **Portafilter is the part of a coffee machine that dispenses a cup or two cups of coffee.**

포터필터는 1잔 혹은 2잔의 커피를 추출하는 것이다.

Attach the portafilter on the grouphead with coffee.

포터필터는 커피를 담아 그룹헤드에 장착한다.

Useful Practices **Grouphead holds the portafilter that contains ground coffee.**

그룹헤드는 커피가 담긴 포터필터를 장착한다.

Dialog

C: How do I use the portafilter?

포터필터는 어떻게 사용하나요?

O: A portafilter is a container of coffee power during extraction. To extract coffee, tamp coffee power in the portafilter prior to attaching it to the grouphead.

포터필터는 커피를 추출하기 위한 분쇄커피를 담는 용기입니다. 포터필터를 그룹헤드에 장착하기 전에 포터필터 내의 분쇄 커피를 다져줍니다.

C: I like to learn more about coffee.

커피에 관해 더 배워보고 싶군요.

You can heat the milk with this steam.

이 스팀을 이용하여 우유를 데울 수 있다.

Useful Practices **You can make the milk bubble with this steam.**

이 스팀을 이용하여 우유거품을 만들 수 있다.

The nozzle that steam milk has to be clean all the time.

스팀우유를 만드는 스팀노즐은 항상 청결해야 한다.

Useful Practices **You have to be careful with the steam nozzle that gushes the steam.**

스팀이 나오는 스팀노즐은 항상 조심해야 한다.

This drain box is the part that gathers the used coffee grounds.

드레인박스는 커피찌꺼기가 모이는 장치이다.

Useful Practices **Drain line is the machine part that emits the scraps of coffee.**

드레인라인은 커피찌꺼기가 배출되는 장치이다.

When using a coffee machine, the scraps of coffee is removed in the direction of the drain box.

기계의 커피찌꺼기는 드레인박스 방향으로 제거된다.

Useful Practices **The drain box is right under the coffee (extracting) machines.**

커피기계 추출대 아래에는 드레인박스가 있다.

Dialog

C: Is this the part for steaming milk?
이것은 우유를 데우고 거품을 만드는 부분이죠?

O: Yes, it is. It always has needs to be clean because it has direct contact with the beverage. Moreover, look out when you use it. It is extremely hot.
네, 그렇습니다. 우유를 데우고 거품을 만드는 부분이고 식품과 직접적으로 닿는 부분으로 청결히 유지해주어야 합니다. 또한 사용 시 조심하세요. 화상을 입을 수도 있습니다.

C: Yes, I will.
네, 알겠습니다.

Dialog

A: It is seriously hard to clean up coffee grounds.
커피찌꺼기는 치우기 참 힘들어.

B: You have to do that. If not, it causes a mechanical failure.
기계가 고장날 수 있으니 열심히 청소해야지.

A: I should clean up the drain box and the inside of the store.
드레인박스 청소하고 매장 내부도 청소해야해.

B: Do you want me to share those tasks?
역할분담을 할까?

A: Please.
좋아.

Point 3. Maintenance control

커피 그라인더의 경우, 호퍼, 도저, 날에 커피 오일이 쌓일 수 있기에 솔로 자주 털어내거나 물로 씻어주는 관리가 필요하다. 날을 청소할 때 칼날의 상태를 확인하여 마모 정도를 파악하고 필요 시 교체한다. 보통 커피 그라인더의 하루 사용량에 따라 칼날 교체시기를 정한다(1.5 kg-1년, 2~3 kg-6~7개월, 4~6 kg-3~4개월).

Clean the grinder dozer with the a dried brush.

그라인더 도저를 마른 솔로 청소한다.

Useful Practices **Grinder hopper has to be washed with water.**

그라인더 호퍼는 물로 씻어 청소한다.

Check the wear of the edge.

날의 마모상태를 확인한다.

Useful Practices **The more you crush, the faster the edge gets wear.**

많은 양을 분쇄할수록 날이 빠르게 마모된다.

When it's about time, can we replace the blade?

시기가 다가왔는데 날을 교체할 수 있을까요?

Useful Practices **You still have much time before changing the edge.**

날을 교체할 시기는 아직 많이 남아 있다.

Dialog

M: Today is the day to clean up the coffee grinder. Have you done this before?

오늘은 커피 그라인더를 청소하는 날이에요. 청소해본 적 있나요?

W: Is it right to clean it up with dried brush and water?

마른 솔과 물로 청소하는 것이 맞나요?

M: Yes it is. Please note that it needs to be dried completely.

네, 맞습니다. 다만 물기가 남지 않도록 건조에 유의하여 주세요.

W: Okay.

네, 알겠습니다.

M: When you clean it up, check the wear condition of its blades.

그라인더 날을 청소할 때 마모 정도를 확인해 주세요.

에스프레소 커피기계를 올바른 방법으로 청소하는 것은 커피기계의 수명을 연장시키는 것과 커피 맛의 유지에 필수적이다. 그룹헤드와 포터필터가 분쇄된 커피와 만나 찌꺼기가 쌓이기 쉽다. 그러므로 그룹헤드의 경우 플라스틱 솔로 찌꺼기를 털어내고 블라인드 바스켓을 장착한 포터필터를 연결하여 전용세제로 청소한다. 포터필터의 경우 바스켓과 분리하여 스파우트까지 씻어낸다. 드레인 박스에 물을 흘려보내어 찌꺼기가 원활하게 배출될 수 있게 한다. 커피기계를 사용할 때 포함된 소모품 인정 수기 필터, 그룹헤드 개스킷, 보일러의 플로우미터 등은 주기적으로 점검하여 교체한다.

Clean the grouphead with a plastic brush.

그룹헤드를 플라스틱 솔로 세척한다.

Useful Practices **Clean the grouphead with the exclusive cleanser.**

그룹헤드를 전용 세제로 세척한다.

It is very important to clean the coffee machine.

커피기계를 청소하는 것은 매우 중요하다.

Useful Practices **Is it very important to clean the coffee machine?**

커피기계를 청소하는 것은 매우 중요한가?

You have to clean the coffee machine so the scraps of coffee will not get stuck.

커피기계에 커피찌꺼기가 쌓이지 않도록 청소해야 한다.

Useful Practices **You have to clean the shop so it will not be filled up with dust.**

매장에 먼지가 쌓이지 않도록 청소해야 한다.

Dialog

M: The coffee machine breaks down frequently. Do you know why?
커피기계가 자주 고장 나. 왜 그럴까?

W: Hmm, it seems you have neglected the maintenance.
혹시 관리를 소홀히 한 것 아니야?

M: I did not know how important it was.
관리가 중요한지 몰랐어.

02. All About Espresso

다양한 커피 메뉴의 기본이 되는 에스프레소 커피를 추출하고 고객과 대화할 수 있다.

Point 1. Define Espresso

Point 2. Extract Espresso

Point 3. Evaluate Espresso

커피기계를 이용해 에스프레소 커피를 추출하여 다양한 메뉴를 조리할 수 있다. 커피기계를 이용한 추출방법과 에스프레소 커피의 평가방법을 흥미롭게 이해하자.

Point 1. Define Espresso

물을 끓여 증기의 압력을 이용해 커피를 추출하는 커피기계가 발명되고 발전되면서 에스프레소 커피를 음용하게 됐다. 에스프레소 커피는 얇게 분쇄된 에스프레소용 커피 빈에 물과의 접촉시간을 짧게 하여 빠르게 추출해 마시는 커피 음료로 약 25~30 mL의 양이다. 한 잔의 에스프레소 커피를 담을 때에는 흰색의 두꺼운 도자기 재질인 에스프레소 잔에 추출한다.

에스프레소 커피 맛의 결정은 어떤 커피 빈을 쓰느냐에 따라 결정되고, 우수한 커피기계와 유능한 바리스타도 맛에 영향을 줄 수 있다. 신맛을 결정하는 리놀레산과 쓴맛을 결정하는 카페인이 맛의 주요인이다. 특히 커피기계로 에스프레소를 추출하는 경우 짧은 시간에 추출하는 방식이기 때문에 물에 빠르게 용해되는 리놀레산이 많이 추출되고, 늦게 우러나오는 카페인 성분은 제한하여 추출된다.

Espresso was devised from Italy.

에스프레소 커피는 이탈리아에서 처음 고안되었다.

Useful Practices **Espresso is Italy's coffee.**
에스프레소는 이탈리아의 커피이다.

Espresso is extracted shortly and drank quickly.

에스프레소는 짧게 추출하여 빠르게 마시는 커피이다.

Useful Practices **Espresso is extracted in 20~30 seconds.**
에스프레소 커피를 추출하는 시간은 20~30초이다.

The taste of coffee is determined by the types of coffee beans.

커피의 맛은 사용할 커피 빈의 종류에 따라 결정된다.

Useful Practices **The taste of coffee differs from the barista's ability.**
커피의 맛은 바리스타의 실력에 따라 다르다.

Point 2. Extract Espresso

에스프레소 커피의 추출조건은 추출수온, 수압, 커피 양, 탬핑, 시간, 추출량 등이 있다.

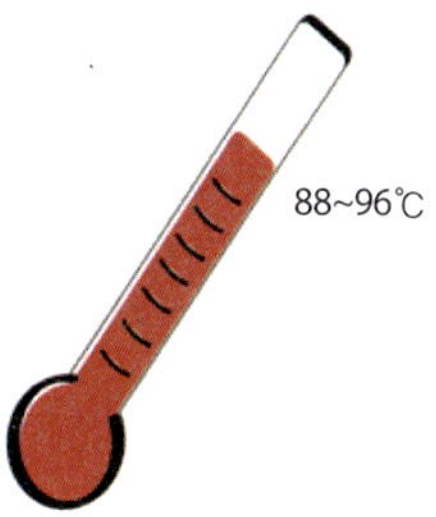

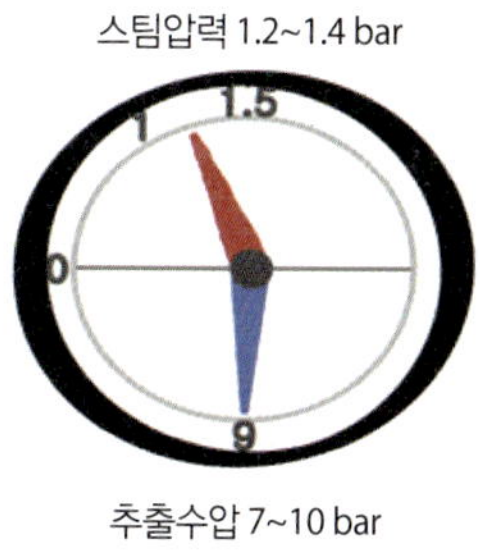

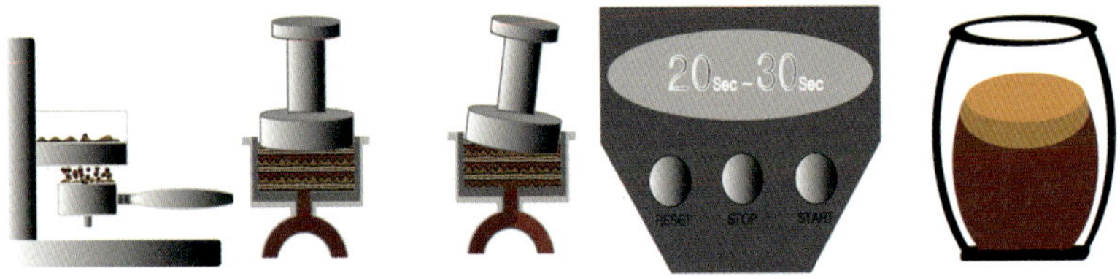

한 잔: 7~8 g
두 잔: 14~16 g　올바른 다지기　잘못된 다지기　추출시간: 20~30초　추출량: 25~35 mL

The temperature of water is important when you extract Espresso.

에스프레소를 추출할 때 물의 온도가 중요하다.

Useful Practices **The pressure of the water is important when you extract Espresso.**
에스프레소를 추출할 때 물의 압력이 중요하다.

The coffee extracts normally when you tamp it well.

올바른 다지기를 해야 커피가 정상적으로 추출된다.

Useful Practices **Wine tastes normally when you decanting the wine well.**
올바른 디캔팅을 해야 와인이 정상적으로 맛을 낸다.

It takes 20~30 seconds if the coffee is at the normal extracting condition.

정상적인 추출 조건일 때 커피추출은 20~30초의 시간이 걸린다.

Useful Practices **It takes more than 20~30 seconds if the coffee is at the unusual extracting condition.**
비정상적인 추출 조건일 때 커피추출은 20~30초 이상의 시간이 걸린다.

에스프레소 커피의 추출 순서는 다음과 같다.

1. 커피기계 작동 확인하기

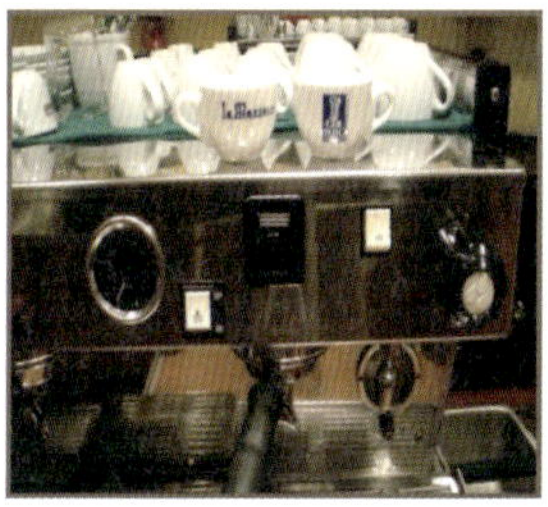
2. 커피 및 기물 준비하기

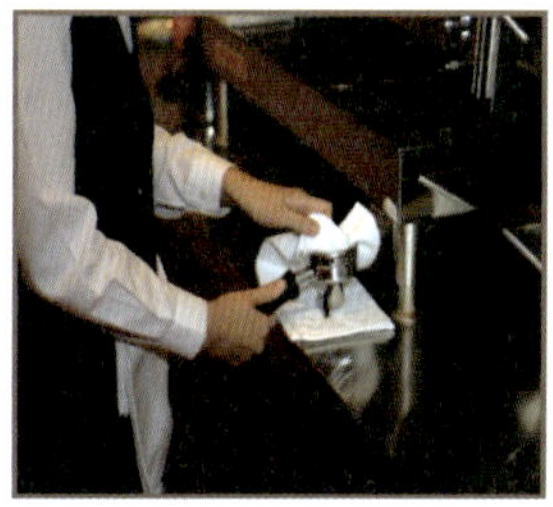
3. 포터필터와 스파우트 위생점검하기

4. 분쇄커피 담기

5. 커피다지기

6. 잔여물 정리하기

7. 그룹헤드 물 흘림하기

8. 추출하기

9. 서브하기

10. 뒷정리하기

The first step of extracting coffee is checking the machine.

커피를 추출할 때 가장 먼저 할 일은 커피기계가 잘 작동하는지 점검하는 것이다.

Useful Practices **The first thing to do when you infuse the tea is checking the tea's storage condition.**

차를 우려낼 때 가장 먼저 할 일은 차의 보관상태가 올바른지 점검하는 것이다.

Wipe out scraps of coffee and water with a cloth or linen in the porterfilter.

커피찌꺼기와 물을 제거하기 위해 포터필터를 행주나 린넨으로 닦아낸다.

Useful Practices **Keep several dishtowel or linen and classify them.**

행주나 린넨을 여러 개 준비하여 사용처별로 분류한다.

Do not forget to discharge the hot water that gathers in the grouphead.

그룹헤드에 모여있던 뜨거운 물을 흘려보내는 것을 잊지 말아야 한다.

Useful Practices **You have to check the spout if it still has the scraps.**

스파우트도 찌꺼기가 없는지 닦아내는 것을 잊지 말아야 한다.

Espresso extracts when you push the button.

에스프레소 추출 버튼을 누르면 추출된다.

Useful Practices **Extract the right Espresso that a customer ordered.**

고객의 주문에 맞춰 에스프레소를 추출한다.

C: Is the Espresso good seller in this café?
이 카페의 에스프레소는 많이 판매되나요?

O: No it is not. Other menus are sold more than Espresso. However, I am confident that I can make the Espresso well.
아니요, 사실 에스프레소는 많이 판매되지 않고 다른 메뉴들이 더 많이 판매됩니다. 그렇지만 에스프레소를 맛있게 만들 자신은 있습니다.

C: Oh, do you know how to make a tasty Espresso then?
오, 그럼 에스프레소를 맛있게 만드는 방법을 아시나요?

O: I use high quality coffee beans. Moreover, I follow the manual exactly from the preparation to the end.
맛있는 커피 빈을 사용합니다. 또한 커피를 추출할 준비부터 서비스까지 정확하게 행동하면 됩니다.

C: It is trustworthy.
믿을만하네요

읽을 거리 Tamping (Pressing the coffee)

Step 1 | Remove the portafilter and knock out the coffee in the knock box.

Step 2 | Place empty portafilter under the doser and make 1 complete pull for a single 2 (2 nozzles) for a double.

Step 3 | Rest the portafilter on a firm surface, then tamp (press) firmly and twist a half turn clockwise.

NB: The aim is to seal the coffee and keep it leveled for the even water distribution, and the twist creates a tighter seal and more complete use of the coffee grounds.

Step 4 | Wipe the rim of the handle portafilter.

NB: Any residual ground on the rim will damage the seals on the shower heads, creating leakage over time.

Step 5 | Attach portafilter to the coffee machine, press desired button immediately, then place cups underneath.

Order of Service | These orders apply to an individual checks. When doing multiple checks use common sense and get rid of them simultaneously where possible.

1. Liqueur coffees
2. Teas
3. Lattes, Mochas, and hot chocolates
4. Cappuccinos, white coffees
5. Espressos, Machiato's, and Ristrettos

Point 3. Evaluate Espresso

에스프레소 커피는 익스프레스 express 와 같은 뜻으로 '빠르게 추출한다'는 뜻이다. 에스프레소 커피는 커피가 가지고 있는 순수한 맛에 가장 가깝다고 말할 수 있는데, 신맛과 쓴맛이 현격하게 나타나고 향이 강하다. 또한 '풍미가 있다' 혹은 '감칠맛이 난다'는 표현을 덧붙이기도 한다. 에스프레소의 추출조건과 추출방법을 같게 하지 않을 경우 실패할 수 있으니 유의해야 한다.

The definition of Espresso is extracting coffee quickly.

에스프레소 커피는 빠르게 추출한다는 뜻이다.

Useful Practices **The definition of Espresso is drinking coffee quickly.**

에스프레소 커피는 빠르게 마신다는 뜻이다.

Espresso is a type of coffee closest to the basic.

에스프레소 커피는 커피가 가지고 있는 가장 기본적인 맛에 가깝다.

Useful Practices **Espresso has strong sourness, bitterness and has strong flavor.**

에스프레소 커피는 신맛과 쓴맛이 강하고 향도 강하다.

에스프레소 상부에 금색이나 갈색빛을 띠는 크림인 크레마가 있다. 일반적으로 3~4 mm 정도의 크레마가 있는 에스프레소가 가장 이상적이다. 로스팅된 커피 빈의 이산화탄소와 커피를 추출할 때 뜨거운 물 및 오일 성분이 만나 용해되어 높은 압력과 함께 작은 구멍으로 빠져나오면서 크레마가 생성되는 것이다. 하지만 크레마가 많다고 해서 좋은 품질의 에스프레소라고 할 수는 없다. 크레마가 적거나 없는 에스프레소는 거의 대부분 커피 빈이 오래된 경우이다. 크레마는 단열층의 역할을 하여 커피가 빨리 식는 것을 막아준다. 커피의 향을 함유하고 있는 지방성분을 많이 지니고 있기 때문에 보다 풍부하고 강한 커피의 향을 느낄 수 있게 해준다.

There is brown crema on the Espresso coffee.

에스프레소 커피 위에 갈색의 크레마가 있다.

Useful Practices **It is good to have crema on the Espresso coffee.**
에스프레소 커피 위에 크레마가 있으면 좋은 것이다.

Crema is not created when the coffee has not been stored well or been kept for a long time.

크레마는 커피 빈이 오래된 경우나 보관이 잘못된 경우 생성되지 않는다.

Useful Practices **When is the case with no crema formed?**
크레마가 없는 경우는 언제인가요?

03. All About Cappuccino

우유를 첨가하는 메뉴의 기본이 되는 카푸치노 커피를 조리하고 고객과 대화할 수 있다.

Point 1. Define Cappuccino

Point 2. Extract Cappuccino

Point 3. Evaluate Cappuccino

커피기계를 이용해 카푸치노 커피를 조리하여 다양한 메뉴를 조리할 수 있다. 커피기계를 이용한 조리방법과 카푸치노 커피의 평가방법을 흥미롭게 이해하자.

Point 1. Define Cappuccino

커피와 우유를 섞어 마시는 방법에서 카푸치노 커피가 유래하였다. 카푸치노 커피는 에스프레소 커피와 적정한 온도의 우유, 그리고 밀도 있고 고운 우유거품을 넣은 커피음료로, 약 150 mL의 양이다. 카푸치노는 카푸친 수도사들에 의해 탄생했는데 갈색의 크레마 위에 우유의 흰 거품이 올려져 있는 모습이 수도사 모자와 흡사하다. 우유를 첨가하는 커피는 커피기계의 발전과 더불어 에스프레소 커피와 함께 크게 발전하였으며 우유의 각종 영양소와 생리활성물질 등이 커피와 잘 조화된다. 커피기계가 더욱 발전하면서 우유를 포함하는 커피메뉴도 함께 발전하고 있다. 여러 경로를 통해 각 나라로 전파되면서 다른 부재료가 첨가되기도 하였으나 본래는 커피와 우유 외에 부재료를 첨가하지 않는 것이 원칙이다.

Cappuccino contains milk and foamed (or froth) milk.

카푸치노 커피는 우유와 우유거품이 포함되어 있다.

Useful Practices **Do you want a menu with milk and froth milk?**
우유와 우유거품이 포함된 메뉴를 원하시나요?

Coffee with milk is selling well.

우유가 첨가된 커피가 많이 판매된다.

Useful Practices **Coffee containing other ingredients is selling well.**
각종 부재료가 첨가된 커피가 많이 판매된다.

Every nutrient of milk goes well with coffee.

우유의 각종 영양소가 커피와 잘 조화된다.

Useful Practices **Milk makes the Cappuccino taste light and aromatic.**
카푸치노는 우유의 첨가로 담백하고 고소한 맛이 일품이다.

Point 2. Extract Cappuccino

카푸치노 커피의 조리 순서는 다음과 같다.

1. 커피기계 작동 확인하기

2. 커피 및 기물 준비하기

3. 스팀피처에 우유 담기

4. 커피 추출하기

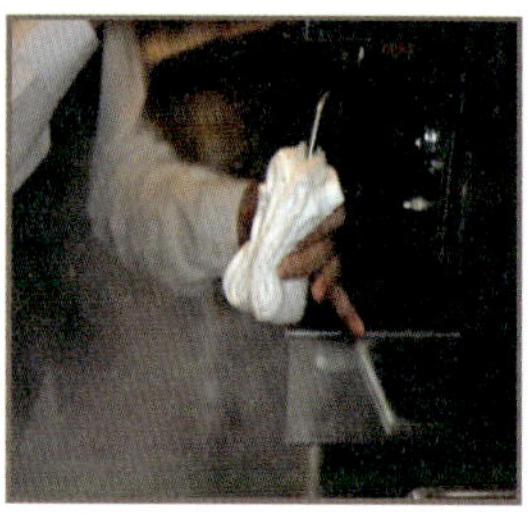
5. 스팀노즐 응축수 제거(전)

6. 밀크스팀 컨트롤

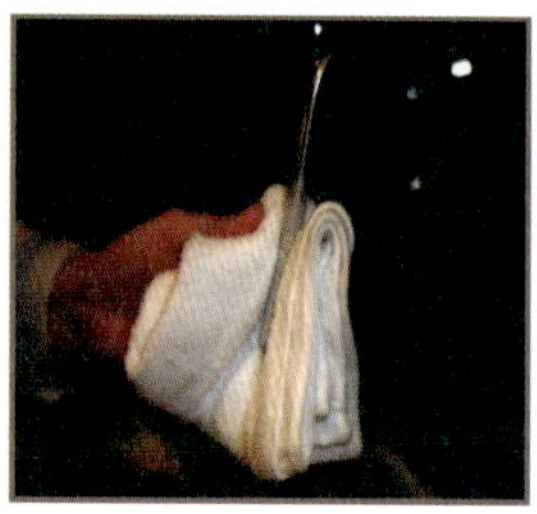
7. 스팀노즐 닦기 및 응축수 제거(후)

8. 커피잔에 담기

9. 서브하기

10. 뒷정리하기

Milk steam control is the process of heating the milk and making the foam.

밀크스팀 컨트롤은 짧은 시간에 우유를 데우고 거품을 만드는 과정이다.

Useful Practices **It does not take long in the milk steam control.**
밀크스팀 컨트롤은 긴 시간이 걸리지 않는다.

Get the milk ready in the steam pitcher to make it quickly.

신속하게 조리하기 위해 먼저 스팀피처에 우유를 준비한다.

Useful Practices **Get the cold milk ready to make it warm.**
찬 우유를 준비하여 따뜻하게 데운다.

Spraying steam makes the froth (or foamed) milk.

스팀을 우유에 분사하면 우유거품이 만들어진다.

Useful Practices **Make as much foamed milk as needed.**
원하는 양만큼의 우유거품을 만들어준다.

Dialog

C: I would like to have Cappuccino coffee.
카푸치노 커피를 주세요.

O: Would you like to have much milk froth?
우유거품이 많이 포함된 커피를 원하시나요?

C: Especially, soft and fragrant one.
부드럽고 고소한 우유거품이 먹고 싶습니다.

O: That is our best menu. We have better milk steam controller than any other stores.
카푸치노는 저희 매장의 주요 판매품목입니다. 밀크스팀 컨트롤을 다른 매장보다 더 잘 합니다.

C: If it so, I will be your regular customer.
만약 맛이 좋다면 단골고객이 될게요.

You have to know how to make nice foam when you make foaming froth milk.

우유거품을 만들 때는 고운 입자의 거품을 만들 수 있어야 한다.

Useful Practices **Barista should know how to control the particle of foaming milkfoam size and the temperature of milk.**

바리스타는 우유거품의 입자와 우유온도를 조절할 수 있어야 한다.

Point 3. Evaluate Cappuccino

잘 만들어진 카푸치노 커피는 진한 커피의 맛과 향, 따뜻한 우유의 단맛과 고소한 맛, 곱고 밀도 있게 형성된 우유거품의 부드러움을 함께 느낄 수 있다. 카푸치노는 에스프레소 커피, 우유, 우유거품이 적당한 온도로 잘 혼합된 상태로 조리되어 마실 때 내용물이 분리되지 않고 함께 입안으로 들어올 때, 커피의 맛과 향이 가장 진하면서도 부드럽게 느껴진다. 카푸치노 커피는 조리하는 과정에서 에스프레소를 추출한 후 우유거품을 만들면 우유거품이 만들어지는 동안 에스프레소의 크레마가 사라지는 단점이 있다. 반대로 우유거품을 먼저 만들고 난 후 에스프레소를 추출하면 먼저 만들어진 우유거품과 데운 우유가 분리되는 단점이 있다. 즉, 올바른 에스프레소 커피의 추출과 알맞은 우유온도, 밀도 있는 우유거품을 만드는 밀크스팀을 동시에 조리할 수 있는 실력이 필요하다. 카푸치노의 조리조건과 조리방법을 갈게 하지 않을 경우 실패할 수 있으니 유의해야 한다.

읽을거리 우유거품 만들기(Frothing Milk)

Step 1 | Fill a jug with cold milk. Try to use only as much milk as you need since used milk will not re-froth adequately.

NB: When frothing, never fill the jug more than half since frothing doubles the volume of the milk.

Step 2 | Turn the steamer valve a half turn to flush out any back wash.

NB: Be careful not to spray onto yourself.

Step 3 | Tilt the jug and steam-wand (as pictured), then place the tip of the nozzle just below the surface of the milk.

Step 4 | Turn the steamer a half turn for full steam. Place your free hand on the jug to monitor the temperature. When frothing properly you should hear "pssst pssst".

NB: You will not get more steam out if you keep opening the valve. It just smakes it longer to turn off.

Step 5 | Keep your hand on the jug and check the temperature. Move the jug steadily down stretching the milk and keeping the nozzle in the same position. When it is uncomfortably hot to hold your hand on the jar, it is at the right temperature.

Step 6 | Turn the valve off, remove the wand from the milk, and wipe it immediately with a damp cloth. Keep the milk moving all the time. Swirl it round the jug and knock it on the counter several times. This removes all the larger bubbles from the milk.

NB: Do not over tighten the valve, because it just knocks the spring.

Step 7 | Pour directly to your receptacle and jiggle from side to side to get extra froth.

It tastes best before the coffee, milk and froth are separated.

커피, 우유, 우유거품이 분리되지 않은 상태에서 마실 때 가장 맛이 좋다.

Useful Practices **It does not taste good if the coffee, milk, and froth are sepaerated.**

커피, 우유, 우유거품이 분리되면 맛이 좋지 않다.

The ability to extract Espresso and to make a proper (temperature & density) degree of froth are needed.

즉, 올바른 에스프레소 커피의 추출과 알맞은 우유온도, 밀도 있는 우유거품을 만드는 밀크 스팀을 동시에 조리할 수 있는 실력이 필요하다.

Useful Practices **Can you extract coffee and control steam milk at the same time?**

당신은 커피추출과 밀크스팀 컨트롤을 동시에 할 수 있는 실력자인가요?

주요단어 정리

PART IV. Making	
Composition [|kɑ:mpə|zɪʃn]	[명사] 구성요소들; 구성 - the chemical composition of the soil 토양의 화학적 구성
Maintenance [|meɪntənəns]	[명사] (건물 · 기계 등을 정기적으로 점검 · 보수하는) 유지 - The school pays for heating and the maintenance of the buildings. 그 학교에서는 난방비와 건물 유지비를 낸다.
Particle [|pɑ:rtɪkl]	[명사] (아주 작은) 입자[조각] - particles of dust 먼지 입자들
Thickly [|θɪkli]	[부사] 두껍게, 두툼하게 - thickly sliced bread 두툼하게 자른 빵
Adjustment [ə|dʒʌstmənt]	[명사] (약간의) 수정[조정] - I have made a few adjustments to the design. 내가 그 디자인에 몇 가지 수정을 했다.
Testimonial [|testɪ|moʊniəl]	[명사] (어떤 것의 품질에 대한) 추천의 글 - a glowing testimonial 열렬한 찬사를 담은 추천서
Grind [graɪnd]	[동사] (곡식 등을 잘게) 갈다[빻다] - to grind coffee / corn. 커피/옥수수를 갈다.
Sequential [sɪ|kwenʃl]	[형용사] (격식) 순차적인 - sequential data processing 순차적인 데이터 처리
Function [fʌŋkʃn]	[명사] (사람 · 사물의) 기능 - to fulfill/perform a function. 기능을(수행)하다.
Abnormal [æb|nɔ:rml]	[형용사] 비정상적인 - abnormal levels of sugar in the blood 비정상적인 혈당 수치
Gauge [geɪdʒ]	[명사] 측정기 - The fuel gauge on the dashboard was on empty. 계기판을 들여다보니 기름이 별로 없었다.
Indicate [ɪndɪkeɪt]	[동사] 나타내다[보여주다] - It does indicate rain. 이건 비를 나타냅니다.

Appropriate [ə|proʊpriət]	[형용사] 적절한 - an appropriate response / measure / method 적절한 반응/조치/방법
Nutrient [nu:triənt]	[명사] (전문용어) 영양소, 영양분 - a lack of essential nutrients 필수영양소 결핍
Equip [ɪ|kwɪp]	[동사] 장비를 갖추다 - Not everyone is equipped to speak up. 모두가 말할 준비가 되어 있는 것은 아니다.
Attach [ə|tætʃ]	[동사] ~ sth (to sth) 붙이다, 첨부하다 - Attach the coupon to the front of your letter. 편지 앞면에 쿠폰을 붙이시오.
Extremely [ɪk|stri:mli]	[부사] (보통 형용사 · 부사와 함께 쓰여) 극히 - I am extremely thankful to him for his help. 그의 도움을 정말 고맙게 생각한다.
Drain [dreɪn]	[동사] 물[액체]을[가] 빼내다[빠지다] - Drain and rinse the pasta. 파스타의 물을 다 따라내고 헹궈라.
Blade [bleɪd]	[명사] (칼 · 도구 등의) 날 - He turned the edge of the blade. 그는 칼날을 무디게 만들었다.
Stack [stæk]	[명사] (보통 깔끔하게 정돈된) 무더기[더미] - a stack of books 책 한 무더기
Frequently [fri:kwəntli]	[부사] 자주, 흔히 - Buses run frequently between the city and the airport. 그 도시와 공항 사이에 버스가 자주 다닌다.
Neglect [nɪ|glekt]	[동사] (돌보지 않고) 방치하다 - The garden was in a state of total neglect. 그 정원은 완전히 방치된 상태였다.
Decent [|di:snt]	[형용사] (수준 · 질이) 괜찮은[제대로 된] - a decent meal 괜찮은 식사
Infuse [ɪn|fju:z]	[동사] (특정한 특성을) 불어넣다[스미게 하다] - Infuse a little salt and a dash of wine mixed with vinegar. 약간의 소금과 식초 섞은 포도주를 조금 넣어라.
Disembogue [disembóug]	[타동사] 물을(바다 · 호수로) 흘려보내다, 방출하다 - The river disembogues itself [its water] into the sea. 강은 바다로 흘러 들어간다.

Customer [kʌstəmə(r)]	[명사] 손님, 고객 - biggest customers 상점의 최고 고객 중 한 사람
Fragrant [freɪgrənt]	[형용사] 향기로운, 향긋한 - fragrant herbs 향기로운 허브
Separate [sepəreɪt]	[동사] 1. 분리되다, 나뉘다; 분리하다, 나누다 2. 갈라지다, 헤어지다, (따로) 떨어지다 - Stir the sauce constantly so that it does not separate. 소스가 분리되지 않게 계속 저어라.
Tendency [tendənsi]	[명사] 성향, 기질; 경향 - to display artistic, etc. tendencies 예술가적 기질 등을 보이다
Trustworthy [trʌstw3:rði]	[형용사] 신뢰할[믿을] 수 있는 - a trustworthy critic 신뢰할만한 비평가

PART V

Types of Drinks and Side Menu

01. Types of Coffee

다양한 커피메뉴를 이해하고 조리할 수 있으며, 관련 대화의 영어표현을 파악할 수 있어야 한다.

Point 1. Types of Espresso

Point 2. Types of coffee with milk

Point 3. The others

고객에게 제공할 커피의 다양한 메뉴를 이해하고 조리할 수 있으며, 조리한 커피를 제공할 때 필요한 관련 대화를 흥미롭게 이해하자.

Point 01. Types of Espresso

Caffè Ristretto

에스프레소보다 추출 시간을 짧게 하여 보다 더 진하고 신맛이 강한 커피이다.

Caffè Lungo

에스프레소보다 추출 시간을 길게 하여 보다 더 연하고 쓴맛이 강한 커피이다.

Caffè Doppio

에스프레소 커피 2잔의 분량을 한 잔에 담아내는 커피로 더블샷 double shot 이라고도 부른다.

에스프레소 음료 구분과 특징

구분	에스프레소	리스트레토	룽고	도피오
크레마색	황금색	진갈색	연갈색	황금색
양	약 30 mL	약 20 mL	약 40 mL	약 60 mL
맛	신맛·쓴맛이 조화로운 맛	신맛이 강조된 강한 맛	쓴맛이 강조된 연한 맛	신맛·쓴맛이 조화로운 맛
향	중	강	약	중

There are 4 types of Espresso coffee.

에스프레소 커피의 종류는 4가지이다.

Useful Practices **There are various types of Espresso depending on the amount extracted.**

에스프레소 커피는 추출한 양에 따라 종류가 다양해진다.

Each Espresso coffee has different flavor depending on the time of extraction.

에스프레소 커피는 추출 시간에 따라 다른 맛을 낼 수 있다.

Useful Practices **If you make the same menu with Ristretto and Lungo, each of them has different flavor.**

리스트레토와 룽고로 같은 커피 메뉴를 만들면 다른 맛을 낼 수 있다.

Ristretto has the shortest extraction time.

리스트레토는 추출 시간이 가장 짧다.

Useful Practices **Ristretto has the most sour flavor.**

리스트레토는 가장 신맛의 커피이다.

Lungo has the longest extraction time.

룽고는 추출 시간이 가장 길다.

Useful Practices **Lungo takes longer time to extract.**

룽고는 추출 시간을 길게 한다는 의미이다.

Doppio is doubled amount of Espresso.

도피오는 에스프레소의 2배량이다.

Useful Practices **The amount of Doppio is the same as two shots of Espresso.**

도피오는 에스프레소를 2잔 추출한 것과 같다.

Dialog

M: Hello, are you ready to order?
어서 오세요, 고객님. 주문을 도와드릴까요?

W: Yeah, I would like to have some sort of Espresso coffee. Do you have any suggestions?
에스프레소 종류의 커피를 먹고 싶은데요. 추천 좀 해주세요.

M: The type and taste of Espresso are different depending on the extraction time. Get Lungo if you want to take light Espresso coffee, get Ristretto for dark one. The amount of coffee is different from each other.
에스프레소는 추출 시간에 따라 맛과 종류가 다릅니다. 연한 에스프레소를 드시고자 하시면 룽고를, 진한 에스프레소를 드시고자 하시면 리스트레토를 추천해드립니다. 각기 양은 다릅니다.

W: Let me see, Lungo please.
룽고 한 잔 주세요.

M: OK, one Lungo coffee. Anything else?
네, 룽고로 한 잔 주문받았습니다. 더 필요하신 것은 없으세요?

W: No thanks.
네, 없습니다.

M: Thank you. Please wait with your waiting ticket. I will call your waiting number when the coffee is ready.
감사합니다. 대기표를 갖고 기다려주시면 음료가 완성되는 대로 알려드리겠습니다.

Caffè Americano

아메리카노 커피는 에스프레소를 추출한 후 물을 첨가하는데 hot menu는 따뜻한 물을 첨가한다. Ice menu는 얼음을 첨가하여 카페 프레도라고 부른다.

Americano is made with Espresso by adding water into it.

아메리카노 커피는 에스프레소에 물을 첨가한 커피이다.

Useful Practices **Americano is the most popular coffee menu.**

아메리카노는 가장 대중적인 커피메뉴이다.

Americano has two different menus, hot and iced.

아메리카노는 따뜻한 것도 있고 찬 것도 있다.

Useful Practices **You may put syrup into Americano depending on your preference.**

기호에 따라 아메리카노에 시럽을 넣어 마신다.

Dialog

W: One Americano, please.
아메리카노 한 잔 주세요.

M: Which one do you like, hot or iced coffee?
뜨거운 걸로 드릴까요, 찬 걸로 드릴까요?

W: I would like to have iced coffee with some syrup in it, please.
아이스 한 잔에 시럽 넣어주세요.

M: You can get the syrup at the pick-up counter, as much as you want in the coffee. Are you going to take it out?
시럽은 주문하신 음료를 받는 곳에서 기호에 맞게 넣어 드시면 됩니다. 포장해드릴까요?

W: Yeap.
네.

M: OK. I will get your order quickly.
네, 알겠습니다. 빨리 만들어드릴게요.

Point 02. Types of coffee with milk

Caffè Macchiato

데미타세 잔에 조리하며 에스프레소에 우유와 우유거품을 첨가한다. 미니 카푸치노로도 불리며 에스프레소, 우유, 우유거품이 1:1:1의 비율이다.

Macchiato coffee is similar to mini Cappuccino.

마키아토 커피는 미니 카푸치노라고 할 수 있다.

Useful Practices **Macchiato has deeper flavor than Cappuccino.**

마키아토는 카푸치노보다 진한 커피 맛이 난다.

Macchiato has good combination of milk and coffee.

마키아토는 커피와 우유의 조합이 좋은 커피이다.

Useful Practices **How about a cup of Macchiato that has a good combination of milk and coffee?**

커피와 우유의 조합이 좋은 마키아토 한 잔 어떠세요?

Dialog

W: One dark Cappuccino, please.
카푸치노 한 잔 진하게 해주세요.

M: How about trying Macchiato? It is today's coffee in promotion. (It is today's special.)
고객님. 오늘의 메뉴인 마키아토를 드셔보는 것은 어떨까요?

W: What is Macchiato?
마키아토는 뭔가요?

M: It is a type of Cappuccino but it has mixed milk, milk foam and Espresso. Those make great combination.
카푸치노의 일종인데 우유와 우유거품이 에스프레소와 잘 조합된 음료입니다.

W: I am wondering if it is tasty.
맛있나요?

M: The taste of Macchiato is softer and deeper than Cappuccino.
카푸치노보다 조금 더 부드럽고 담백하면서 커피의 진한 맛을 느낄 수 있습니다.

W: I am still wondering. Is it refundable if it is not tasty?
맛없으면 환불이 가능한가요?

M: Alright. I guarantee you.
좋습니다.

W: Thank you for your kindness.
친절하시군요.

Caffè Latte

카푸치노 커피와 외관상 흡사하다. 카푸치노 커피보다 우유거품이 적은 만큼 우유가 다량 첨가되어있어 우유의 맛이 강한 미국의 메뉴이다.

Caffè Latte contains much milk in it so that it can highlight the soft flavor of coffee.

카페라떼는 우유가 많이 포함되어 부드러운 맛이 강조된 커피이다.

Useful Practices **Caffè Latte is good (to eat) for brunch.**
카페라떼는 브런치와 같이 먹기에도 좋은 커피이다.

It is easy to do Latte art because Caffè Latte's milk foam is thin.

카페라떼는 우유거품이 얇아서 라떼아트를 할 수 있다.

Useful Practices **Can you show me a pretty Latte art?**
예쁜 라떼아트를 보여주실 수 있나요?

Dialog

W: What kind of drink is good in the morning?
아침에 마시면 좋은 메뉴는 어떤 것이 좋을까요?

M: I suggest you Americano or Caffè Latte.
아메리카노 커피나 카페라떼를 추천드립니다.

W: OK. A hot Caffè Latte, please.
카페라떼 따뜻한 것으로 한 잔 주세요.

M: Do you want some syrup?
시럽을 넣어 드릴까요?

W: No thanks. I prefer sugar to syrup.
아니요. 시럽보다는 설탕을 넣어서 마시겠습니다.

M: OK. Please wait a moment.
네, 알겠습니다. 곧 만들어 드리겠습니다.

Cafè au Lait

모카포트로 추출한 커피에 다량의 우유를 첨가하여 수프처럼 먹는 것이 특징이다.

It is okay to use spoon to eat Cafè au Lait

카페오레는 스푼으로 떠 마셔도 좋다.

Useful Practices **French drink Cafè au Lait instead of eating breakfast.**

프랑스에서는 아침대용으로 마시기도 한다.

To make Cafè au Lait, put some milk into coffee that is boiled in a mocha pot.

카페오레는 모카포트에서 커피를 끓인 후 우유를 넣어 만든다.

Useful Practices **It is good to eat Cafè au Lait with dipped bread into it.**

카페오레에 빵을 찍어 먹어도 좋다.

Dialog

W: Do you have Cafè au Lait on the menu?
여기서는 카페오레를 판매하나요?

M: Yes we do. Are you going to take coffee in here?
네, 판매합니다. 드시고 가시나요?

W: Yes. French eat Cafè au Lait instead of their meal, aren't they?
네. 프랑스에서는 카페오레를 식사대용으로 먹죠?

M: Yes, they are. How about you? Do you want to have Cafè au Lait with the bread? The bread for brunch is now in promotion.
그렇다고 알고 있습니다. 저희가 프로모션으로 제공하는 브런치용 빵과 같이 드셔보세요.

W: Really? Thank you so much.
정말요?! 감사합니다.

M: Is it okay with you if it takes some time?
네, 알겠습니다. 시간이 조금 걸리는데 괜찮으신가요?

W: Sure. I will sit right there. Can you bring them to me?
네. 자리에 앉아 있을게요. 가져다 주실 수 있으시죠?

M: Alright, when the beverage is ready.
음료가 준비되면 가져다 드리겠습니다.

W: Yes, please.
부탁드립니다.

Point 03. The others

Caffè Mochaccino

카푸치노 커피에 분쇄한 초콜릿을 첨가하여 달콤한 맛을 더한 커피이다.

It has rich milk foam like Cappuccino and it contains chocolate.

이건 카푸치노처럼 우유거품이 풍부하고 초콜릿이 포함되어 있습니다.

Useful Practices **Mochaccino is sweet Cappuccino.**
모카치노는 달콤한 카푸치노입니다.

Does Mochaccino contain chocolate?

모카치노는 초콜릿이 들어간 것인가요?

Useful Practices **Mochaccino is Cappuccino with ground chocolate in Espresso.**
모카치노는 초콜릿을 분쇄하여 에스프레소에 넣은 카푸치노입니다.

Dialog

W1: A Mochachino topped with some chocolate, please.
모카치노에 초콜릿 토핑해서 주세요.

W2: Mochachino already contains chocolate.
모카치노는 원래 초콜릿이 포함되어있어.

W1: Ah, really? I did not know that.
진짜? 정말이에요?

M: Espresso with ground chocolate, called Mochachino, is similar to Cappuccino.
네. 모카치노 커피는 에스프레소에 분쇄한 초콜릿을 넣어 카푸치노처럼 만든 커피입니다.

W2: What did I say? Two Mochachinos, please. Wait, do you want something different?
내 말이 맞지? 같은 걸로 두 잔 주세요. 아니다, 넌 다른 거 마실래?

W1: No, but how about we get something sweet?
그냥 같은 것을 마시자. 달콤한 것이 먹고 싶지 않니?

M: Are you going to drink it here?
드시고 가시나요?

W1: Yes. It is too hot to drink outside.
밖은 더우니까 먹고 갈게요.

M: Anything else you need?
다른 필요하신 것 없으신가요?

W1: Cheese bagel, please
치즈베이글 주세요.

M: Two Mochachino and two cheese bagels. Right?
모카치노 2잔, 치즈베이글 2개 맞으신가요?

W1: Oh no, only one cheese bagel is enough.
아니요, 치즈베이글은 하나만 주세요.

M: Please wait with your waiting ticket. I will call your number when the order is ready.
대기번호와 함께 기다려주시면 곧 주문하신 것들을 준비해 드리겠습니다. 감사합니다.

Caffè Con Panna

데미타세 잔에 조리하며 에스프레소 커피에 휘핑크림을 올려 만든 커피이다.

It is deep Espresso coffee with cream on top.

이것은 진한 에스프레소에 크림을 얹어 마시는 커피이다.

Useful Practices **Tell me if the coffee is short of whipping cream.**

휘핑크림이 부족하시면 말씀하세요.

If whipped cream is made into a liquid, it can be drunk without stirring.

휘핑크림을 액체로 만들면 젓지 않고 마실 수 있다.

Useful Practices **You do not have to use spoon to eat cream.**

크림을 떠먹지 않아도 됩니다.

Dialog

W: I would like to have Con Panna.
콘파나를 마시고 싶어요.

M: One Con Panna, right?
콘파나 커피 한 잔 주문이 맞으신가요?

W: Yes.
네.

M: How about whipping cream?
휘핑크림은 어떻게 드릴까요?

W: Put a lot of it, please.
크림은 많이 주세요.

M: Okay. As the menu will be served in a small cup, I will put extra whipping cream in another cup.
네, 콘파나는 작은 잔에 제공되기 때문에 여유분을 다른 잔에 담아드리겠습니다.

Affogato Al Caffè

바닐라 아이스크림 한 스쿱 위에 에스프레소 커피를 올려 만드는 커피로 짧게 아포가토라고 부른다.

Affogato is made by adding Espresso in vanilla ice cream.

아포가토는 바닐라 아이스크림에 에스프레소 커피를 첨가하여 만든 커피이다.

Useful Practices **Take care of spilling while you use a spoon.**

스푼을 이용하면 잔이 넘칠 수 있으니 조심히 드세요.

Scooping and eating the melted part of the ice cream is a right way to enjoy it.

아이스크림이 녹으면 녹은 부분을 떠서 먹는 것이 올바른 음용방법이다.

Dialog

W: This ice cream looks very delicious.
아이스크림이 맛있어 보이네요.

M: Then, how about this menu? It is called Affogato that you can pour Espresso on top of an ice cream.
그럼 이 메뉴는 어떠신가요? 아포가토는 아이스크림에 에스프레소 커피를 넣어 마시는 것입니다.

W: Do you have many different kinds of ice cream?
아이스크림은 종류가 많나요?

M: We only have vanilla flavor. However, it has the best combination with Espresso.
아이스크림은 바닐라만 넣습니다. 바닐라 아이스크림이 에스프레소와 가장 잘 어울리거든요.

W: It is a pitty. Then, can you give me a little bit more ice cream than usual?
안타깝군요. 그렇다면 아이스크림을 조금 많이 주실 수 있으신가요?

M: We serve only one scoop of ice cream, but I will give you extra specially.
보통은 1스쿱이 들어가지만 넉넉히 넣어 드리겠습니다.

W: Thank you.
네. 친절하시군요.

M: Oh hold on. Affogato is already ready.
손님, 잠시만요. 주문하신 아포가토가 벌써 조리되었습니다.

W: Oh thanks.
네. 감사합니다.

M: Take care not to put too much ice cream into it. It will brim over.
아이스크림이 많이 들어갔으니 드실 때 넘치지 않도록 조심하세요.

Irish coffee

아이리시 커피는 에스프레소 커피와 뜨거운 물 위에 아이리시 위스키와 휘핑크림을 첨가한 커피로, 추운 지방에서 몸을 따뜻하게 하기 위한 커피이다.

Irish coffee contains alcohol that helps to keep you warm.

아이리시 커피는 알코올이 포함되어 몸을 따뜻하게 해준다.

Useful Practices **The people who live in cold regions drink Irish coffee a lot.**

아이리시 커피는 추운 지방에서 많이 마신다.

I recommend you to have Irish coffee if you are not that interested in other menus.

다른 메뉴가 밋밋하게 느껴진다면 아이리시 커피를 추천한다.

Useful Practices **Irish coffee is different from other ordinary menus because it contains alcohol.**

아이리시 커피는 다른 메뉴와 달리 알코올이 포함되어 독특하다.

Dialog

C: Is this salad popular?
이 샐러드는 인기가 좋은가요?

O: Yes. There are many customers who take this salad with Irish coffee.
네, 이 샐러드는 아이리시 커피와 함께 먹는 손님이 많습니다.

C: What is Irish coffee? Could you tell me how to make it?
아이리시 커피는 무엇인가요? 어떻게 만드는지 좀 알려주세요.

O: Make Espresso into Americano first, then, put some Irish whisky and topped with whipping cream.
에스프레소 커피를 아메리카노로 만든 후에 아이리시 위스키와 휘핑크림을 올린 메뉴입니다.

C: What is Irish whisky?
아이리시 위스키는 또 무엇인가요?

O: The malt whiskey made in Ireland. It has deep flavor.
아일랜드에서 만든 몰트 위스키로 깊고 진한 향을 지녔습니다.

C: Oh I see. You are very knowledgeable.
오, 놀랍습니다. 위스키에 대해 알려주실 만큼 해박하시군요.

O: You are welcome. When you try it once, you can find the Irish whiskey charming. It is also recommendable for female customers who are not good at drinking the whiskey straight.
별말씀을요. 한 번 드셔보시면 아이리시 위스키의 매력을 알 수 있을 것입니다. 또 위스키를 스트레이트로 잘 드시지 못하는 여성 고객님들에게 추천드립니다.

02. Beer & Wine & Cocktail

카페에서 판매할 수 있는 다양한 음료들을 이해하고, 관련 대화의 영어 표현을 파악할 수 있어야 한다.

Point 1. Beer

Point 2. Wine

Point 3. Cocktail

카페에서 판매되는 음료는 커피뿐만 아니라 다양한 종류가 있다. 이는 알코올 및 비알코올 음료의 다양성을 요구하는 고객의 증가와 메뉴의 다양성을 기본으로 하여 서비스 경영의 폭이 넓어짐에 따른 결과이다. 알코올 음료의 종류를 흥미롭게 이해하자.

Point 1. Beer

맥주는 보리를 기본 원료로 하여 홉과 효모를 첨가한 후 발효하여 만든 알코올성 음료로 독일 및 영국 등이 유명하다. 탄산가스가 포함되어 있는 것이 특징이고 알코올 도수가 4~6%인 양조주이다. 단백질이 적은 양조용 보리와 뽕나무과의 홉이 만나 특유의 경쾌한 맛을 낸다. 맥주는 양조주의 특성상 심한 온도의 변화와 햇빛의 노출에 유의해야 하고, 맥주를 서브하기 전에는 냉장고 보관이 필수이다. 맥주를 마실 때에는 잔에 거품이 2~3부 쌓이게 하는 것이 좋은데 이렇게 해야 탄산가스가 공기 중으로 흩어지는 현상을 막고 맛과 향의 신선도를 지킬 수 있다. 맥주를 만들 때 양조방법, 발효방법, 알코올 도수 정도, 색 등에 따라 종류가 다양하다.

Top-fermented beer: Ale, Stout beer

The beer fermented by the leaven floating on the surface at high temperature.

발효할 때 고온에서 발효하여 상면에 떠오르는 효모로 제조된다.

⇨ 상면발효맥주: 에일맥주 Ale beer, 스타우트맥주 Stout beer

Bottom-fermented beer: Pilsen, Munchen beer

The beer fermented by the leaven sinking to the bottom at low temperature.

발효할 때 저온에서 발효하여 하면에 가라앉는 효모로 제조된다.

⇨ 하면발효맥주: 필젠맥주 Pilsen beer, 뮌헨맥주 Munchen beer

The beer that does not undergo sterilization is called non-sterilized draft beer.

발효균이 살균되지 않은 맥주로 비살균 생맥주라고 한다.

⇨ 드래프트맥주 Draft beer

The beer that is not sterilized is called non-sterilized draft beer.

발효균이 살균된 맥주로 살균 병맥주라고 한다.

⇨ 라거맥주 Lager beer

Most beer currently produced has light brown color because it is made of light-colored malt.

현재 생산되는 대부분의 맥주로 옅은 색의 맥아를 사용해 맥주의 색이 밝은 갈색이다.

⇨ 담색맥주 Brown beer

By using caramelized malt, the color of beer becomes deep dark and it has deep flavor.

캐러멜화시킨 맥아를 사용해 맥주의 색이 어두운 갈색이며 담색맥주에 비하여 깊은 맛이 있다.

⇨ 농색맥주 Dark beer

It has less sweetness so that gives clear impression.

단맛이 적고 깨끗한 느낌을 준다.

⇨ 드라이맥주 Dry beer

Clean flavor is a distinct feature that comes from malt that is trenched twice.

맥아의 껍질이 두 번 제거되어 맛이 깨끗한 것이 특징이다.

⇨ 디허스크맥주 Dehusk beer

You can enjoy the pure taste of beer and it contains heave alcohol.

순수한 맥주의 맛을 즐길 수 있으며, 알코올 도수가 높은 맥주이다.

⇨ 아이스맥주 Ice beer

Belgium's beer is made with the most traditional zymotechnics.

벨기에에서 가장 전통적인 발효법을 사용해 만드는 맥주이다.

⇨ 램빅맥주 Lambic beer

Dialog

M: What are the ingredients of beer?
맥주의 원료는 무엇입니까?

W: Is the barley main ingredient among the others?
다른 재료도 있지만 주 원료는 보리지요?

M: You are right. There is hop other than barley. It makes beer transparent and gives clean taste. There is another feature of hop.
맞습니다. 그 외에 홉이 들어가는데 맥주를 투명한 모습과 경쾌한 맛을 내게 합니다. 그 외에 또다른 특징이 있습니다.

W: What is that?
무엇인가요?

M: It prevents beer from being rotten and it makes beer suds.
부패를 방지하고 거품이 일게 하는 특징이 있습니다.

W: I do love cold beer. I feel like I know well about the beer.
전 시원한 맥주를 정말 좋아합니다. 덕분에 맥주에 대해 잘 알게 되었네요.

Dialog

W1: What is the best way of drinking beer?
맥주를 마실 때 가장 좋은 방법은 무엇일까요?

W2: Keep the beer at 7 to 8 degrees Celsius, have the mug tilted and pour some beer into it. Do not forget to make 20 to 30% capacity in a glass of suds.
맥주를 잔에 따를 때 잔을 비스듬히 눕혀 잔의 상위 2~3부 정도 거품을 일게 하여 거품과 함께 7~8℃ 정도로 마시는 것입니다.

W1: Why drink beer with the suds?
거품을 함께 마시는 이유는 무엇인가요?

W2: It keeps the freshness of beer's flavor and aroma.
맛과 향의 신선도를 유지해 주기 때문입니다.

M: I like draft beer as well. How about having a draft beer party tonight?
전 생맥주를 좋아해요. 오늘 저녁에 즐거운 생맥주 파티 어때요?

Point 2. Wine

와인은 좁은 의미에서 포도를 원료로 양조하고 넓은 의미에서 과일을 원료로 양조하여 만든 알코올성 음료로 프랑스가 가장 유명한 산지이다. 다른 첨가물 없이 포도만을 발효시켜 만든 알칼리성 단발효식 양조주로 알코올 도수가 8~13도 정도이다. 프랑스에서는 뱅 Vin, 독일에서는 바인 Wein, 이탈리아와 스페인에서는 비노 Vino, 포르투갈에서는 비뉴 Vinho, 미국과 영국에서는 와인 Wine 이라고 부른다.

당분 + 효모 = 알코올 + 탄산가스 + 열

구분	제조과정
레드와인	포도 - 수확 - 파쇄 - 발효 - 압착 - 여과 - 숙성 - 병입
화이트와인	포도 - 수확 - 파쇄 - 압착 - 발효 - 여과 - 숙성 - 병입

Red wine

육류와 가장 잘 어울리는 붉은색 와인으로 적포도를 파쇄하고 발효시켜 떫은 맛이 강한 와인이다. 까베르네 소비뇽, 피노누아, 시라, 멀롯, 가메, 템프라니요, 네비올로, 산지오베제, 그르나슈, 진판델 등의 양조용 포도품종으로 만든다.

Recommendation!! What we recommend for tonight's dinner is French red wine Beaujolais Villages made of Gamey.

추천하기! 오늘 저녁식사에서 추천드릴 와인은 가메로 만든 보졸레 빌라쥬 프랑스산 레드와인입니다.

Useful Practices **Red wine goes well with meat.**

레드와인은 육류와 잘 어울리는 와인이다.

Useful Practices **It is desirable to keep the wine at 18 degrees Celsius.**
이 와인은 상온 18℃에서 보관하는 것이 좋다.

Useful Practices **I will put the rest of the wine in the wine basket.**
남은 와인은 와인 바스켓에 놓아 드리겠습니다.

White wine

생선과 가장 잘 어울리는 화이트와인은 투명한 노란색에 가까운 와인으로 청포도로 만들거나 적포도의 껍질을 제거하고 파쇄 후 압착과 발효하여 부드러운 맛이 강한 와인이다. 화이트와인은 침용 과정을 거치지 않지만 레드와인과 공통적으로 침용과 동시에 포도즙이 발효를 시작한다. 소비뇽 블랑, 샤르도네, 세미용, 리슬링, 위니블랑(트레비아노), 뮈스카데, 팔로미노 등의 양조용 포도품종으로 만든다.

Recommendation!! What we recommend for this lunch is German Fritz Haag white wine that is made of Riesling.
추천하기! 오늘 점심식사에서 추천드릴 와인은 리슬링으로 만든 프리츠하그 독일산 화이트 와인입니다.

Useful Practices **White wine goes well with fish.**
화이트와인은 생선과 잘 어울리는 와인이다.

Useful Practices **It is good to keep the wine cool at around 8 degrees Celsius.**
이 와인은 8℃ 내외로 차갑게 보관하는 것이 좋다.

Useful Practices **I will chill this wine using a wine cooler.**
와인쿨러에 담아 칠링하겠습니다.

Rose wine

적포도로 만드는 와인이다. 포도의 색이 우러나오면 껍질을 제거한 후 과즙으로만 발효한다.

Useful Practices **Rose wine goes well with all of the dishes.**
로제와인은 모든 요리와 잘 어울리는 와인입니다.

Useful Practices **It is better to drink (it when it is) cold.**
차갑게 드시는 것이 좋습니다.

Useful Practices **I will put the wine in the wine cooler.**
와인은 와인쿨러에 담아 놓겠습니다.

Dry wine

산미 포도주로 과즙의 당분을 완전히 발효시켜 식전용으로 알맞다.

Useful Practices **Do you need wine before meal?**
식전와인을 준비해 드릴까요?

Useful Practices **I recommend dry wine if you want a premeal wine.**
식전와인으로는 드라이와인을 추천드립니다.

Useful Practices **This wine with less sweetness gives an appetite.**
단맛이 적어 입맛을 돋우는 와인입니다.

Sweet wine

감미 포도주로 향과 풍미가 강하며 달콤하기에 식후용으로 알맞다.

Useful Practices **I recommend sweet wine if you want an after meal wine.**
식후와인으로는 스위트와인을 추천드립니다.

Useful Practices **This wine has good aroma and flavor so that it is good at taking away the aftertaste.**
향과 풍미가 있어 입가심을 하기에 좋은 와인입니다.

Sparkling wine

탄산가스가 함유된 와인으로, 대표적으로 샴페인이 있다. 디저트용이나 축하연에서 축배용으로 많이 제공된다.

Useful Practices **Would you like Champagne with a celebration party?**
축하연과 더불어 샴페인을 준비하여 드릴까요?

Useful Practices **Do you like to pop the Champagne yourself?**
샴페인을 직접 개봉하시겠습니까?

구분	제조과정
스파클링 와인	1차발효 - 리퀴르 - 2차발효 - 르뮈아주 - 데고르주망 - 도사주
구분	드라이 - 스위트
당도	Extra Brut - Brut - Extra sec - Sec - Demi sec - Doux

■ **와인 주문받기** Taking wine orders

와인은 요리와 함께 곁들이거나 분위기에 맞게 와인만 마시기도 한다.

소믈리에나 와인 스튜어드 steward 는 와인 리스트를 이용하여 와인을 추천할 수 있어야 한다.

고객의 기호에 따른 와인을 추천하는 것이 가장 좋다.

와인을 추천하는 과정에서 발생할 수 있는 상황을 영어로 익혀보자.

추천하는 소믈리에 How to recommend sommelier

May I offer you some suggestions on the wine?
와인을 추천해드릴까요?

Would you have any particular type you care?
평소에 좋아하는 포도품종이 있나요?

Would you like a dry one?
드라이한 와인을 좋아하는 편인가요?

Would you like an aged and full-bodied one?
오랜 숙성을 거친 묵직한 와인을 선호하나요?

추천받는 고객 Guests asking for recommendations

Which wine do you recommend most in this restaurant?
이 레스토랑에서 가장 추천할만한 와인은 무엇인가요?

Please recommend a sweet, white wine.
단맛이 강한 화이트 와인을 추천해주세요.

Is this the most popular wine?
이 와인이 가장 대중적인가요?

Dialog

A: May suggest some for you, Sir/Ma'am?
와인을 추천해드릴까요?

B: Is there anything ladies like in particular?
여성이 좋아할만한 와인으로 추천해주세요.

A: How about a French wine of slighly under-aged so that it still has a tint of bouquet?
숙성된 맛이 확실히 나타나지 않아 은은한 부케가 살아있는 프랑스 레드와인은 어떠세요?

B: If the price is right, I would like to have one.
제가 고려하는 가격과 맞으면 주문하겠어요.

Others

What type of side dishes would you recommend for this wine?
이 와인과 어울릴만한 안주는 어떤 것이 있나요?

Would you let me know what type of wine that gentleman drinks?
저 사람이 마시고 있는 와인은 어떤 종류인가요?

Could you describe the taste of a very expensive wine?
가장 값비싼 와인은 어떤 맛이 납니까?

고객의 반응에 주의하면서 정중하게 와인을 추천할 수 있을 것이다.

■ 와인 서비스하기 Wine serving

와인을 서비스할 때 필요한 도구를 준비한다(와인 글라스, 코르크 스크루, 화이트와인 쿨러, 레드와인 바스켓, 서비스 클로스, 디캔터 등).

고객이 지켜보는 앞에서 와인 병을 오픈하고 서비스하는 행위를 숙련된 자세로 이행하자. 또한 와인을 서비스하는 과정에서 발생할 수 있는 상황을 영어로 익혀 보자.

상표 확인(와인을 주문한 고객에게 상표가 보이도록 하여 확인시킨다)

Please confirm the wine.
주문한 와인이 맞는지 상표 확인을 부탁드립니다.

The Chateau Margaux, you ordered.
손님께서 주문하신 샤또 마고 와인입니다.

와인병 오픈 Opening a wine bottle

: 캡슐 제거 remove the foil → 코르크 마개 제거 open the cork → 코르크 이상 유무 확인 present the cork → 병목 주위 청결 유지 wipe the opening of the bottle

I am removing the foil of the bottle.
와인 병을 오픈하기 위해 병목의 캡슐을 제거하겠습니다.

Please check the cork.
코르크에 이상이 있는지 확인해 주시겠습니까?

테이스팅 Wine Tasting

Would like to taste, please?
테이스팅 하시겠습니까?

We'll provide you with a very small amount of service for tasting.
와인 테이스팅을 할 수 있도록 아주 적은 양을 서비스해 드리겠습니다.

May I serve ladies first?
호스트, 여성부터 서비스해드려도 되겠습니까?

I will put the bottle in the wine basket (ice bucket).
와인 바스켓에 와인 병을 넣어 두겠습니다.

Dialog

A: Here is the wine you ordered.
주문한 와인을 서비스 해드리겠습니다.

B: May I see the label, please?
주문한 와인이 맞는지 상표를 확인할 수 있을까요?

A: Certainly. Here it is. I am going to open the bottle now.
물론입니다. 상표를 보여드리겠습니다. 와인 병을 오픈하겠습니다.

A: Would you taste (the wine), please?
테이스팅을 할 수 있도록 와인을 따라드리겠습니다.

A: Please check the color, aroma and taste (of the wine).
색, 향, 맛을 보면서 테이스팅 해보시기 바랍니다.

Mock test

읽을 거리 와인리스트 제공과 주문받기

와인 리스트 제공과 주문받기 | 고객으로부터 요리를 주문받으면 소믈리에가 고객의 왼쪽에서 와인 리스트를 보여주며, 주문된 요리에 잘 어울리는 와인을 주문받거나 추천한다.

와인 제공 | 주문을 받으면 와인셀러로부터 정상온도의 와인을 인수하여 조심스럽게 테이블로 운반하는데, 와인병을 흔들지 않도록 주의한다.

상표 확인 | 와인을 주문한 고객에게 주문한 와인이 맞는지 상표를 확인시키기 위하여 상표를 호스트에게 향하도록 하여 고객의 좌측에서 보여드린다. 예를 들어 "고객님께서 주문하신 샤또 딸보와인입니다." 혹은 "The Chateau Talbot you ordered, Sir."라고 물어 확인을 얻고 손님이 좋다고 찬성하면 와인을 서브할 수 있다.

캡슐 제거 | 코르크 스크루 cork screw 에 있는 나이프를 이용하여 병목의 캡슐 윗부분을 제거한 후, 서비스 클로스 service cloth 로 병마개 주위를 잘 닦는다.

와인병 오픈 | 코르크 스크루 끝부분을 코르크 마개의 중앙에 대고 천천히 돌려 넣는다. 코르크를 완전히 통과하여 코르크 조각이 와인병의 안으로 떨어지지 않도록 주의한다.

코르크 제거 | 나사를 천천히 돌려 코르크 마개가 1 cm가량 남은 위치까지 빼낸 후 서비스 클로스로 받쳐 손가락으로 코르크를 잡고 천천히 돌려서 마개를 완전히 빼낸다.

코르크의 이상 유무 확인 | 코르크의 냄새를 맡아 이상 유무를 확인하고, 고객이 확인할 수 있도록 코르크를 접시에 올려 보여준다.

병목 주위 청결유지 | 서브하기 전에 서비스 클로스로 병목 주위를 깨끗이 닦는다.

와인 테이스팅 | 주문한 호스트에게 와인잔의 1/4 이하로 따르고 테스트할 수 있도록 해주는데, 남녀의 구성일 경우 여성에게 먼저 시음하도록 배려한다.

와인 서브 | 시음 후 좋다는 의양을 표시하면 고객의 오른쪽 뒤에서 오른손을 사용하여 시계방향으로 돌아가며 와인을 따른다. 호스트의 오른쪽에 앉은 고객부터 따라주며, 호스트의 글라스는 마지막에 따른다. 상표가 보이도록 위로 향하게 하여 병을 잡고, 와인을 따를 때에는 따를 때마다 병목을 서비스 클로스로

닦아가며 술방울이 테이블이나 고객에게 떨어지지 않도록 주의한다. 병입이 글라스에 닿지 않도록 주의하며, 글라스의 중앙부에서 서브해야 한다. 글라스에 따르고 마지막 방울이 떨어질 때 병을 살짝 돌려 흘러내리지 않도록 한다. 레드와인은 18℃, 화이트와인과 샴페인은 6~10℃ 전후로 서브한다.

특히 샴페인은 탄산가스가 주입되었기 때문에 흔들지 않고 거품과 소리에 유의하여 따르되, 최초 1/3가량 따른 후 거품이 가라앉으면 재차 2/3를 제공한다.

와인을 서비스할 때에는 디캔터 decanter 를 이용할 수도 있다. 디캔터에 와인을 옮겨 담는 서비스를 디캔팅 decanting 이라 하는데, 일반적으로 오래된 와인의 호흡 촉진이나 침전물을 제거하기 위해 사용한다. 와인병을 흔들지 않은 상태에서는 아래에 침전물이 소량 남아있을 수 있다. 와인을 디캔터에 따를 때 와인병 내에 침전물이 남아 있을 정도의 소량을 제외하고 디캔터에 담아 동그랗게 흔든다. 이 행위로 인하여 산소와의 접촉을 크게 하여 잡향이 날아갈 수 있으며, 와인 특유의 향을 이끌어낼 수 있다.

테이블에서 와인의 보관 | 와인 서브가 한 차례 끝나면 나머지 와인은 병째로 레드와인인 경우 인바스켓에, 화이트와인인 경우 인쿨러에 담고 서비스 클로스를 그 위에 걸쳐 두고 물러난다. 대부분 고객의 글라스가 비게 되면 다시 따라줄 수 있도록 고객이 부담스럽지 않은 범위 내에서 주시하고 있어야 한다. 와인과 함께 즐거운 식사가 되시라는 인사를 잊지 않아야 한다.

Dialog

W: I know today is your birthday! Here is your gift. Let us drink it at the dinner party.
오늘 너 생일이지? 선물이야. 저녁 파티에서 마시자.

M: Oh it is Denominazione di Origine Controllata (DOC). Thank you!
데노미나지오네 디 오리지네 콘트롤라타(D.O.C)구나. 고마워!

W: I cannot stand waiting until the party. I want to take that immediately.
저녁 파티까지 못 기다리겠어. 지금 마시고 싶어.

M: Then, open the bottle with a corkscrew. Is the cork alright?
그럼 코르크 스크루로 와인병을 오픈하자. 코르크는 정상이야?

W: The color and smell is fine. Let us taste it!
냄새도 색도 다 정상이야. 테이스팅 해보자.

M: Can you pour wine well? It is a bit hard for me.
와인 잘 따를 수 있겠어? 와인 따르기는 어려워.

W: I will give you first. I am confident in pouring without any leaks.
너 먼저 따라 줄게. 테이블에 흘리지 않도록 잘 따를 수 있어.

M: Put that into a wine basket.
와인 바스켓에 담아 둬.

읽을 거리 나라별 와인 특징을 조사해서 영어로 적어보자

1) French wine

보르도지방 | 보르도의 레드와인은 클라레 Claret 라고 하여 포도주의 여왕이라 칭할 정도로 세계적으로 가장 유명한 적포도주 생산지이다. 프랑스 남서부 지롱드 Gironde 강 주변의 메도크 Medoc, 그라브 Graves, 생테밀리옹 Saint-Emilion, 포므롤 Pomerol, 소테른-바르삭 Sauternes-Barsac 지구를 포함한 유명한 와인 생산지이다.

버건디지방 | 주로 화이트 와인을 생산한다. 샤블리, 꼬뜨 드 뉘 Côte de Nuits, 꼬뜨 드 본 Côte de Beaune, 보졸레 Beaujolais 등이 주요 생산지이다.

상파뉴지방 | 샴페인을 생산하는 본고장으로 상파뉴 지방의 스파클링 와인만 샴페인이라고 칭할 수 있다.

2) Italy Wine

피에몬테지방 | 강하고 진하며 독특한 숙성이 잘 되어 있어 이탈리아의 가장 유명한 와인의 산지이다.

토스카나지방 | 다른 지역보다 땅이 메마른 편이지만 키안티 브랜드가 생산된다.

베네토 | 이탈리아에서 세 번째로 유명한 생산지이며, 소아베 브랜드가 생산된다.

롬바르디아 | D.O.C 등급으로 양질의 와인이 20여 가지 생산된다.

시칠리아 | 모든 유형의 150여 가지 와인이 생산된다.

Dialog

W: This wine tastes very good. I feel like I am getting healthier.
정말 맛이 좋은 와인이구나. 몸도 건강해지는 느낌이야.

M: Come to think of it, I am curious about the effect of wine.
그러고 보니 와인의 효능이 궁금해.

W: I heard that most alcohols are harmful to our health.
보통 술은 몸에 해롭지 않나?

M: Not always. I heard that it has some good effects.
아니야, 좋은 기능도 있다고 들었어.

W: Well, it is made of fruit, so I am sure that it has positive effect.
그래, 과일로 만들었으니 과일의 좋은 기능을 그대로 발휘할 거야.

M: Basically, it is helpful to antioxidant activity, prevent obesity, and beauty treatment.
기본적으로 항산화 작용부터 성인병 예방, 피부미용 등에 좋은가 봐.

Point 3. Cocktail

칵테일은 알코올 음료나 비알코올 음료 혹은 각종 주스, 시럽 등을 혼합하여 만드는 음료이다. 알코올 음료는 그대로 마시는 것도 좋지만 각각의 기호와 취향에 맞추어 다른 알코올 음료나 주스, 시럽 등을 넣어 칵테일을 만들면 독특한 색과 맛을 낼 수 있다. 주로 기주가 되는 베이스 알코올 음료에 다른 재료를 넣어 셰이킹이나 푸어링의 방법으로 혼합할 수 있다. 베이스가 되는 알코올 음료로는 위스키, 브랜디, 진, 보드카, 럼, 테킬라의 증류주 등이 있다. 칵테일의 종류는 수천 종이지만 크게 긴 시간 여러 번에 나누어 마시는 롱 드링크[long drinks]와 단시간 한두 번에 나누어 마시는 쇼트 드링크[short drinks]가 있다. 종류가 다양한 칵테일을 올바르게 조주할 수 있어야 한다. 그리고 조주한 칵테일을 고객에게 서비스할 수 있어야 한다.

칵테일 조주하기 Making Cocktails

■ **칵테일을 조주하기 위해서는 필요한 기물부터 이해해야 한다.**

- 글라스류(칵테일 글라스, 올드패션 글라스, 하이볼 글라스, 필스너 글라스 등).
- 셰이커 Shaker : 음료를 섞을 때 사용하는 기구이며 잘 섞이지 않는 재료를 혼합할 때 또는 내용물을 차게 할 때 사용한다. 캡 Cap, 스트레이너 Strainer, 바디 Body 의 세 부분으로 구성되어 있다.
- 믹싱글라스 Mixing glass : 바글라스 Bar glass 라고도 하며, 재료를 가볍게 혼합할 때나 가볍게 차게 할 때 사용한다.
- 스트레이너 Strainer : 믹싱글라스에서 만든 칵테일을 글라스에 따를 때 얼음이 글라스에 떨어지지 않도록 받치는 역할을 한다.
- 바스푼 Bar spoon : 믹싱글라스에서 칵테일을 젓거나 술의 비중을 이용하여 띄우기할 때 사용하는 손잡이가 긴 스푼이다.
- 스퀴저 Squeezer : 레몬 등의 즙을 짤 때 사용한다.
- 지거 Jigger : 메저컵 Measure cup 이라고도 하며, 음료의 분량을 측정하기 위한 기구로 윗부분은 30 mL (1 oz), 아랫부분은 45 mL (1½ oz)이다.
- 아이스픽 Ice pick : 얼음을 깰 때 사용하는 송곳이다.
- 얼음통 Ice pail 및 얼음집게 Ice tong : 얼음을 담는 통과 얼음을 집을 때 사용한다.
- 병따개 Opener 및 코르크 스크루 Cork screw : 병마개를 따는 기구와 와인의 코르크 마개를 따는 기구이다.
- 머들러 Muddler : 막대모양으로 잔의 음료를 저을 때 사용한다.
- 칵테일픽 Cocktail pick : 칵테일에 장식하는 재료를 꽂아 잔에 올린다.

- 푸어러 Pourer : 술병 입구에 끼워서 양을 일정하게 만드는 기구이다.
- 코스터 Coaster : 칵테일과 음료의 안정성을 높이기 위해 사용하는 글라스 받침대이다.

셰이커

지거

아이스픽

믹싱글라스

스퀴저

얼음통 및 얼음집게

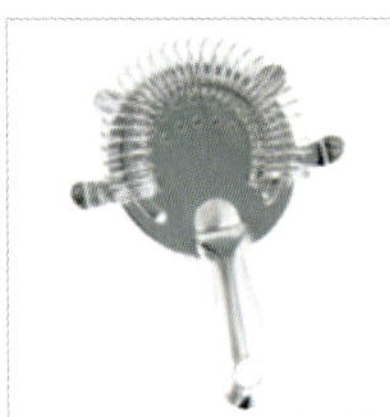
스트레이너

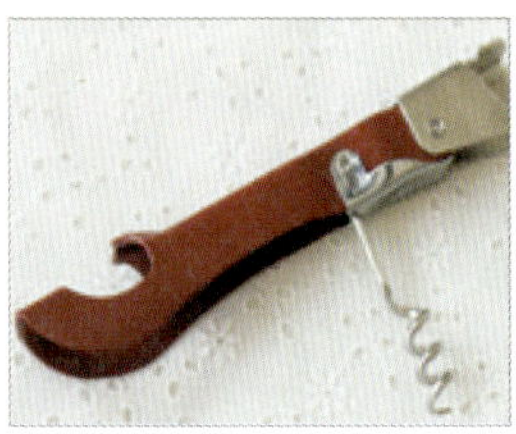
코르크 스크루

코스터

머들러

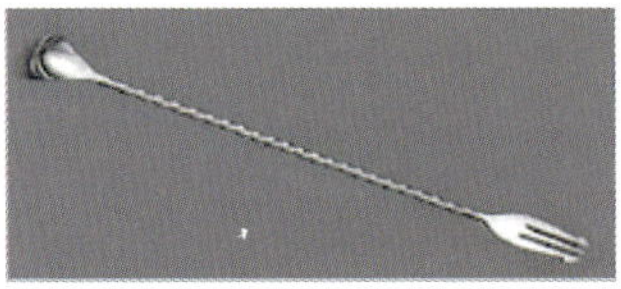
바스푼

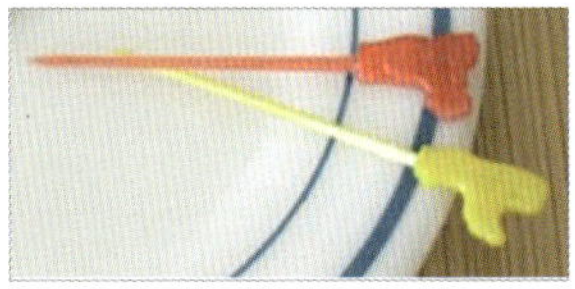
칵테일픽

푸어러

■ **칵테일을 조주하기 위해서는 조주 방법부터 이해해야 한다.**

셰이킹

1. 글라스 및 재료 선택하기
2. 잔 칠링하기
3. 셰이커에 얼음 넣기
4. 칵테일 기주 및 재료를 계량하여 넣기
5. 스트레이너와 캡을 닫고 10회 이상 셰이킹하기
6. 칠링한 얼음 버리기
7. 글라스에 따르고 가니시하기

스터링

1. 글라스 및 재료 선택하기
2. 잔 칠링하기
3. 믹싱글라스에 얼음 넣기
4. 칵테일 기주 및 재료를 계량하여 넣기
5. 바스푼으로 젓기
6. 칠링한 얼음 버리기
7. 스트레이너를 사용하여 글라스에 따르고 가니시하기

빌딩

1. 글라스 및 재료 선택하기
2. 글라스에 얼음 넣기
3. 칵테일 기주 및 재료를 계량하여 넣기
4. 바스푼으로 젓기
5. 가니시하기

플로팅

1. 글라스 및 재료 선택하기
2. 1층 쌓기
3. 바스푼 뒷면을 글라스의 가장자리에 대고 섞이지 않도록 천천히 띄워 2층 이상 쌓기

블렌딩

1. 글라스 및 재료 선택하기
2. 잔 칠링하기
3. 믹서기에 분쇄얼음과 칵테일 기주 및 재료를 계량하여 넣기
4. 재료 블렌딩하기(믹서기로 갈기)
5. 칠링한 얼음 버리기
6. 글라스에 따르고 가니시하기

리밍

1. 글라스 및 재료 선택하기
2. 레몬즙을 글라스의 가장자리에 묻히기
3. 소금이나 설탕을 찍어내기
4. 셰이킹, 스터링 등 다른 조주 방법을 이용하되 글라스 가장자리에 묻지 않도록 주의

■ 칵테일을 조주하기 위해서는 칵테일 종류를 이해해야 한다.

조주기능사 자격 시험 예시(출처: www.q-net.or.kr)

No.	셰이킹			
	칵테일명	잔	가니시	주조
1	허니문	칵테일	X	칼바도스 ¾, 베네딕틴 DOM ¾, 트리플 섹 ¼, 레몬주스 ½
2	사이드카	칵테일	X	브랜디 1, 코인트루 1, 레몬주스 ¼
3	브랜디 알렉산더	칵테일	넛맥	브랜디 ¾, 카카오브라운 ¾, 우유 ¾
4	뉴욕	칵테일	트위레몬필	버번위스키 1½, 라임주스 ½, 설탕 1 T, 그레나딘 ½ T
5	마가리타	칵테일	리밍소금	데킬라 1½, 트리플 섹 ½, 라임주스 ½
6	애플 마티니	칵테일	슬라애플	보드카 1, 애플퍼커 1, 라임주스 ½
7	키스 오브 파이어	칵테일	리밍설탕	보드카 1, 슬로우진 ½, 드라이버무스 ½, 레몬주스 1 T
8	코스모폴리탄	칵테일	트위레몬필	보드카 1, 트리플 섹 ½, 라임주스 ½, 크랜베리주스 ½
9	바카디	칵테일	X	바카디럼화이트 1¾, 라임주스 ¾, 그레나딘 1 T
10	다이키리	칵테일	X	럼 1¾, 라임주스 ¾, 설탕 1 T
11	준벅	콜린스	웨파 & 체리	미도리 1, 말리부럼 ½ , 바나나리큐어 ½, 파주 2, 샤워믹스 2
12	그래스호퍼	소서	X	민트그린 1, 카카오화이트 1, 우유 1
13	애프리콧	칵테일	X	애프리콧브랜디 1½, 진 1T, 레몬주스 ½, 오렌지주스 ½
14	금산	칵테일	X	금산인삼주 1½, 깔루아 ½, 애플퍼커 ½, 라임주스 1 T
15	진도	칵테일	X	진도홍주 1, 민트화이트 ½, 청포도주스 ¾, 라즈베리 ½
16	풋사랑	칵테일	슬라애플	안동소주 1, 트리플 섹 ⅓, 애플퍼커 1, 라임주스 ⅓
17	힐링	칵테일	트위레몬필	감홍로 1½, 베네딕틴 DOM ⅓, 카시스 ⅓, 샤워믹스 1

No.	셰이킹 & 빌딩			
18	슬로 진 피즈	하이볼	슬라레몬	슬로우진 1½, 레몬주스 ½, 설탕 1 T, 클럽소다 Fill
19	위스키 사워	사워	슬레 & 체리	버번위스키 1½, 레몬주스 ½, 설탕 1 T, 클럽소다 1 oz
20	싱가포르 슬링	필스너	슬오 & 체리	진 1½, 레몬주스 ½, 설탕 1 T, 클럽소다 Fill, 체리브랜디 ½ ontop

No.	빌딩			
	칵테일명	잔	가니시	주조
1	키르	와인	트위레몬필	화이트와인 3, 카시스 ½
2	네그로니	올드	트위레몬필	진 ¾, 스윗버무스 ¾, 캄파리 ¾
3	올드 패션드	올드	슬오&체리	각설탕 1, 비터 1 dash, 클럽소다 ½, 버번위스키 1½
4	러스티 네일	올드	X	스카치위스키 1, 드람부이 ½
5	블랙 러시안	올드	X	보드카 1, 깔루아 ½
6	모스코뮬	하이볼	슬라레몬	보드카 1½, 라임주스 ½, 진저엘 Fill
7	블러디 메리	하이볼	슬라레몬(샐)	우스타 1 T, 타바스코 1 dash, 소금후추 ¼ T, 보드카 1½, 토주 Fill
8	시 브리즈	하이볼	웨지레몬	보드카 1½, 크랜베리주스 3, 자몽주스 ½
9	쿠바 리브레	하이볼	웨지레몬	럼 1½, 라임주스 ½, 콜라 Fill
10	롱 아일랜드 아이스 티	콜린스	웨지레몬	진 ½, 보드카 ½, 데킬라 ½, 럼 ½, 트리플 섹 ½, 샤워믹스 1½, 콜라 Fill
	빌딩 & 플로팅			
11	하비 월뱅어	콜린스	X	보드카 1½, 오렌지주스 Fill, 갈리아노 ½ ontop
12	데킬라 선라이즈	필스너	X	데킬라 1½, 오렌지주스 Fill, 그레나딘 ½ ontop

No.	스터링			
	칵테일명	잔	가니시	주조
1	맨하탄	칵테일	체리	버번위스키 1½, 스윗버무스 ¾, 비터 1 dash
2	드라이 마티니	칵테일	올리브	진 2, 드라이버무스 ⅓
3	고창	플룻샴	X	선운산복분자주 2, 코인트루(트리플섹) ½, 스프라이트 2

No.	플로팅			
	칵테일명	잔	가니시	주조
1	B-52	셰리	X	커피리큐르 ⅓ 파트, 베일리스 ⅓ 파트, 그랑마니에르 ⅓ 파트
2	푸스 카페	리큐르	X	그레나딘시럽 ⅓ 파트, 민트그린 ⅓ 파트, 브랜디 ⅓ 파트

No.	블렌딩			
	칵테일명	잔	가니시	주조
1	마이 타이	필스너	웨파 & 체리	럼 1¼, 트리플섹 ¾, 라임주스 1, 오주 1, 파주 1, 그레나딘 ¼
2	블루 하와이안	필스너	웨파 & 체리	럼 1, 블루큐라소 1, 말리부럼 1, 파인애플주스 2½
3	피나콜라다	필스너	웨파 & 체리	럼 1¼, 피나콜라다믹스 2, 파인애플주스 2

칵테일과 관련된 표현 예시

기주 Base

In our bar, Gin- or Vodka-based cocktails are popular (hot items).

저희 매장에서는 진과 보드카를 기주로 하는 칵테일이 많이 판매됩니다.

We have some of the Korean liquor-based cocktails.

한국 술을 기주로 하는 칵테일도 있습니다.

How many whisky-based cocktails do you have?

위스키를 기주로 한 메뉴는 몇 가지나 있나요?

부재료 Modifying Agents

Typical blended cocktails have tropical fruit tastes.

블렌딩 방법으로 조주한 칵테일은 열대과일 맛을 냅니다.

Harvey Wallbanger or Tequila Sunrise contains orange juice in it.

하비 월뱅어나 데킬라 선라이즈에는 오렌지주스가 포함되어 있습니다.

We recommend Rusty Nail or Black Russian for the gentlemen since it does not have a garnish or any modifying agents, like a fruit juice.

러스티 네일이나 블랙 러시안은 가니시가 없고, 주스 같은 부재료가 포함되지 않아서 남성에게 추천합니다.

칵테일 스토리 Story of Cocktails

Martini is known as the King of Cocktails and Manhattan (is known) as the Queen (of Cocktails).

마티니는 칵테일의 왕이라고 불리고, 맨하탄은 칵테일의 여왕이라고 불립니다.

The Kiss of Fire has a story of winning a cocktail competition.

키스 오브 파이어는 경연 대회에 입상한 스토리가 있는 칵테일입니다.

칵테일 주문 Ordering a cocktail

What kind of cocktails do you have that has wine or beer in it?

와인이나 맥주가 들어있는 칵테일은 어떤 것이 있나요?

Is there any cocktail for non-drinkers (those who cannot handle alcohol well)?

술을 잘 못 마시는 사람을 위한 칵테일도 있나요?

Can you show me today some cocktails of a floating technique?

플로팅을 활용한 칵테일을 지금 보여주실 수 있나요?

Would you like to have one with strong alcohol smell?

알코올 향이 강한 메뉴를 드시겠습니까?

Dialog

A: Would you order a cocktail, please?
칵테일을 주문하시겠습니까?

B: Do you have a non-acoholic cocktail?
알코올이 없는 칵테일도 판매하나요?

A: Of course, although we have much more alcoholic ones.
네, 그렇습니다만… 알코올이 포함된 종류가 더 많습니다.

B: Then, what do you have for the cocktails of very little acohol?
그럼 알코올이 조금 들어간 칵테일은 어떤 것이 있나요?

A: I would recommend a Sloe Gin Fizz or a Singapore Sling. Those do not taste strong alcohol since they have much club soda, lemon juice and sugar in it.
슬로 진 피즈나 싱가폴슬링을 추천합니다. 클럽소다 다량과 레몬주스 및 설탕이 들어가서 알코올이 강하게 느껴지지 않습니다.

B: OK, I would take the Sloe Gin Fizz you recommended, and would you recommend one for my friend as well?
좋아요. 전 추천해주신 것 중에서 슬로 진 피즈로 주시고, 제 친구 것도 추천해주세요.

A: What type of cocktail would you like, please?
어떤 스타일의 칵테일을 좋아하십니까?

C: I usually go for a June Bug. If you have one, please add two cherries in it.
저는 준벅을 즐겨 먹습니다. 준벅을 판매한다면 체리를 2개 더 넣어서 주세요.

Dialog

A: Any side dishes would you recommend to try with the cocktails?
칵테일과 함께 먹을 안주는 어떤 것이 있나요?

B: String cheese, biscuits and sosage would go well with the cocktails and a roasted picked ham is a fast one today.
스트링 치즈, 비스킷, 소시지 등이 잘 어울리는데 오늘은 절임 로스트 햄이 가장 빨리 요리됩니다.

A: Then I would take the fast one and a cheese with biscuits as well.
그럼 그거 하나 주시고, 치즈를 곁들인 비스킷도 주세요.

B: Would you like the chilly sauce on it or put it on the side?
칠리 소스를 뿌려서 드릴까요? 아니면 찍어서 드시겠습니까?

A: I don't care much, but put it on the side, please.
상관없지만 찍어서 먹게 준비해주세요.

Mock test

다양한 칵테일의 종류

조주법 5가지 칵테일 예시

Margarita

칵테일글라스, 셰이킹, 리밍소금
- 데킬라 1½, 트리플 섹 ½, 라임주스 ½

Negroni

올드패션글라스, 빌딩, 트위레몬필
- 진 ¾, 스윗버무스 ¾, 캄파리 ¾

Manhattan

칵테일글라스, 스터링, 체리
- 버번위스키 1½, 스윗버무스 ¾, 비터 1 dash

Pousse Cafe

리큐르글라스, 플로팅
- 그레나딘시럽 ⅓ 파트, 민트그린 ⅓ 파트, 브랜디 ⅓ 파트

Blue Hawaiian

필스너글라스, 블렌딩, 웨파&체리
- 럼 1, 블루큐라소 1, 말리부럼 1, 파인애플주스 2 ½

Dialog

W: Do you have any idea that the name of cocktail has its meaning?
칵테일의 이름에도 의미가 있다는 것을 알고 계셨어요?

M: Oh, I did not know that. What meanings do they have?
오, 몰랐습니다. 어떤 의미이지요?

W: Black Russian means fight against Russia, the queen of cocktail for Manhattan, lover's name for margarita, and sky and sea of Hawaii for Blue Hawaiian.
블랙 러시안은 소련에 대한 저항, 맨해튼은 칵테일의 여왕, 마가리타는 연인의 이름, 블루 하와이안은 하와이의 하늘과 바다를 의미합니다.

M: If I knew the meanings of cocktails, I think that would make cocktail more delicious.
왠지 의미를 알고 마시는 칵테일이 더 맛있을 것 같아요.

Dialog

W: Please, bring me a dry Martini with additional three olives for aperitif.
식전주로 올리브를 세 개 더 넣은 드라이 마티니를 주세요.

M: It takes 3 minutes. You must like cocktail as you drink dry Martini.
주조하는 데 3분 소요될 예정입니다. 드라이 마티니를 드시는 걸 보니 칵테일을 좋아하시나 봅니다.

W: I prefer cocktail because I can choose what I like.
칵테일은 내 취향에 맞춰 마실 수 있단 점이 마음에 듭니다.

M: We will show you more delicious cocktail.
앞으로 맛있는 칵테일을 많이 선보이겠습니다.

03. Side Menu

음료를 마실 때 함께 먹기도 하는 기본메뉴에 관한 기본상식을 이해하고, 관련 대화의 영어표현을 파악할 수 있어야 한다.

Point 1. Bread

Point 2. Salad

고객이 음료와 함께 먹을 수 있는 기본메뉴는 주로 빵류와 샐러드류인데 이에 관련된 기본상식을 알고 제공할 때 필요한 관련대화를 흥미롭게 이해하자.

Point 01. Bread

빵은 밀가루와 같은 곡식가루에 물, 소금, 설탕, 이스트 등을 넣어 반죽하여 부풀려 굽거나 찐 음식으로 서양인의 주식이기도 하다. 크루아상, 베이글, 바게트 등으로 종류가 다양하며 버터나 잼 등을 곁들여 먹기도 한다. 유사한 메뉴로 와플, 쿠키, 케이크, 피자, 샌드위치 등을 판매하기도 한다. 실온 상태에 두면 부패하기 쉬우므로 선입선출법[FIFO] 을 잘 지켜 냉장보관하고 유통기한을 잘 지켜야 한다. 고객의 기호에 맞는 메뉴를 카페에 비치하여 냉장보관 중인 쇼케이스에서 먹음직스러운 모습으로 고객이 직접 모양을 보고 선택할 수 있도록 마케팅하고 있다.

We offer hot baked plain bagels.

우리는 뜨겁게 데운 플레인 베이글을 판매합니다.

Useful Practices **We offer hot baked plain bagels and cheese potion that you can eat with.**

우리는 뜨겁게 데운 어니언 베이글에 1인용 치즈를 곁들여 판매합니다.

Do you want me to recommend the bread that goes well with your coffee?

주문하신 커피와 어울리는 빵을 추천해 드릴까요?

Useful Practices **Do you want me to recommend the pastry that goes well with your wine?**

주문하신 와인과 어울리는 쿠키를 추천해 드릴까요?

Churros

Sandwich

Waffle

Loaf bread with cream

Pie

Point 02. Salad

샐러드는 라틴어의 'Sal'인 소금에서 유래한 것으로 서양요리에서 무침의 총칭으로 통하기도 한다. 신선한 채소를 기본으로 하여 과일이나 육류 등을 곁들여 소스로 무치거나 다양한 종류의 드레싱을 찍어 먹기도 한다. 채소와 포함되는 재료, 소스 및 드레싱 등은 신선도를 잘 지키는 것이 중요하며 고객이 불편함 없이 한 입에 먹을 수 있도록 서브할 수 있어야 한다. 샐러드의 종류와 조리방법은 매우 다양하다.

Caesar salad | 로메인 상추와 크루통 crouton (튀긴 빵조각)에 파르메산 치즈, 레몬즙, 달걀, 마늘, 올리브 오일, 우스터 소스 등으로 만든 드레싱을 버무려 먹는 샐러드이다.

Nicoise salad | 양상추, 완숙 달걀, 토마토, 햄, 샐러리, 오이 등을 먹기 좋은 크기로 썰어 넣은 후 위에 잘게 썬 안초비와 올리브 저민 것을 얹어 비니거 소스를 쳐서 먹는 샐러드이다.

Caesar salad

Nicoise salad

Corn salad | 양파, 피망 등을 다진 후 옥수수를 넣고 마요네즈와 식초 등이 포함된 소스를 버무려 먹는 샐러드이다.

Tomato caprese salad | 토마토와 모차렐라치즈를 비슷한 크기와 두께로 자른 후 발사믹 소스를 뿌려서 먹는 샐러드이다.

Chicken breast salad | 양상추와 겨자잎 등을 먹기 좋게 뜯고 오렌지의 과육 부분만 자른 후 삶은 닭가슴살을 자르거나 찢어 넣고 과일 드레싱을 뿌려 먹는 샐러드이다.

Corn salad

Chicken breast salad

Tomato caprese salad

Dialog

W1: In our cafe, we offer some bread and salad for side menu.
저희 카페에서는 사이드 메뉴로 빵과 샐러드를 판매합니다.

W2: What is your suggestion for me?
저에게 추천해주실 수 있는 메뉴는 무엇인가요?

W1: As you are a lady, how about chicken breast salad for diet?
여성분이니 다이어트에 도움이 되는 닭가슴살 샐러드가 어떠세요?

W2: You know well what I want.
저의 마음을 잘 이해해주시는군요.

Dialog

W: I am debating myself what to choose between cheese cake and chocolate cake.
초콜릿 케이크와 치즈 케이크 중에서 무엇을 먹어야 할지 고민이야.

M: I feel bloated. How about fresh salad?
나는 속이 좋지 않아서 신선한 샐러드가 먹고 싶은데?

W: We can not eat both of them. Do you have any good idea?
두 개 다 먹지는 못할 것 같은데, 좋은 방법이 없을까?

M: Well, I will forget about salad but I will take chocolate cake instead.
그냥 내가 양보할게. 대신 초콜릿 케이크가 좋겠어.

W: Okay. I will buy you those. A slice of chocolate cake and one Americano, please.
좋아. 대신 내가 계산할게. 아메리카노와 초콜릿 케이크 한 조각 주세요.

주요단어 정리

PART V. Types of Drinks and Side Menu	
Amount [əmáunt]	[명사] [the ~] 총액, 총계; (대부금의) 원리합계 - Those crackers have an infinitesimal amount of salt. 이 크래커에는 소금이 아주 소량 들어있다.
Flavor [fléivər]	[명사] (독특한) 풍미, 향미, 맛(savor) - The apple flavor puts an edge on me. 사과 냄새가 내 식욕을 돋운다.
Contain [kənteɪn]	[동사] (무엇의 안에 또는 그 일부로) …이 들어[함유되어]있다 - This drink does not contain any alcohol. 이 음료에는 알코올이 전혀 들어있지 않다.
Spill [spíl]	[동사] <액체 · 가루 등을> 엎지르다, 흘뜨리다 - without spilling a drop 한 방울도 흘리지 않고
Knowledgeable [|nɑːlɪdʒəbl]	[형용사] ~ (about sth) 아는 것이 많은, 많이 아는 - She is very knowledgeable about coffee. 그녀는 커피에 대해 아는 것이 아주 많다.
Ferment [fərment]	[동사] 발효되다, 발효시키다 - Fruit juices ferment if they are kept for too long. 과일주스는 너무 오래 두면 발효된다.
Sterilize [|sterəlaɪz]	[동사] (흔히 수동태로) 살균[소독]하다 - to sterilize surgical instruments 수술 도구들을 소독하다.
Zymotechnics [zàimətékniks]	[명사] [단수취급] 발효법, 발효처리법
Feature [fiːtʃə(r)]	[명사] 특색, 특징, 특성 - An interesting feature of the city is the old market. 그 도시의 재미있는 특색 중 하나가 재래시장이다.

PART VI
Management

01. Store Management

서비스 경영에 있어 필요한 요소를 이해하고, 매장을 관리할 수 있는 실무를 파악할 수 있다.

Point 1. Preparation and Arrangement

Point 2. Personnel management

Point 3. Menu management and Atmosphere

서비스 경영에 있어 필요한 영업 전의 준비과정과 영업 후의 마감과정, 인적 의존도가 높은 카페의 인사관리, 영업수익과 직결되는 메뉴관리 및 분위기 등의 매장관리를 흥미롭게 이해하자.

Point 1. Preparation and Arrangement

매장의 영업을 알리는 영업 중[OPEN], 영업 끝[CLOSED]의 문구는 카페나 식당 등에서 자주 확인할 수 있다. 이는 영업을 시작하고 마치는 단계에서 종사원과 영업장 관리자가 해야 하는 일이 있음을 의미한다.

OPEN

영업장을 준비할 때 고객에게 깨끗한 영업장이라는 인식을 심어줄 수 있도록 청결을 유지한다. 당일에 주문하는 메뉴를 판매할 수 있는 신선한 재료를 준비하고 고객이 주문하면 바로 조리할 수 있도록 대비한다. 프로모션이 있다면 쉽게 이용할 수 있도록 안내판을 만들거나 알릴 준비를 한다. 마지막으로 고객이 매장 내부에서 움직이는 동선을 살피고 정해져 있는 개장시간을 엄수하여 개장한다.

■ 영업의 준비과정에서 고객과 나눌 수 있는 대화를 살펴보자.

What do we say to a customer who visits the store while on business break time?

영업 준비 중에 고객이 방문하였을 때 어떻게 말할 수 있을까?

Sir, we are now preparing.

고객님 현재 오픈 준비 중입니다.

We cannot offer menus right now.

지금은 메뉴 판매가 불가능합니다.

Could you wait for a moment please?

잠시 기다려 주시겠습니까?

Would you visit here again a short while later?

잠시 후 다시 방문하여 주시겠습니까?

We are now busy doing cleaning for opening. Sorry.

오픈 청소 중이라 분주합니다. 죄송합니다.

We are now in preparation so that we can only serve limited foods and beverages.

지금 오픈 준비 중이라 일부 음식과 음료만 제공이 가능합니다.

CLOSED

정해진 폐장시간을 엄수하되 남아있는 고객이 있을 경우 배려해야 한다. 금일에 판매된 영업이익이나 손실된 재료를 체크하여 다음 영업을 준비한다. 본 매장을 이용하였을 때 만족감을 느꼈는지 확인하며 고객의 의견이 영업에 반영될 수 있도록 노력하고, 또한 재방문을 유도하는 밝은 인사로 본 매장의 이미지를 높일 수 있다. 영업장을 마감할 때 다음날의 영업을 위해 청결을 유지한다. 글라스류, 도자기류, 은기물류와 린넨류 등은 깨끗하게 세척하고 각종 비품과 기계의 청결을 유지한다.

■ 영업의 마감과정에서 고객과 나눌 수 있는 대화를 살펴보자.

> **What do we say to a customer to ask for understanding before closing time?**
>
> 마감 준비 때 고객에게 양해를 구할 때 어떻게 말할 수 있을까?

Our business hours are about to end. Is it okay to do arrangement here?

마감시간이 임박하였는데 정리를 시작해도 될까요?

We are cleaning the shop without disturbing your conversation. Can I keep doing this?

대화에 방해되지 않는 선에서 청소하고 있습니다. 계속해도 될까요?

I am so sorry. Additional order cannot be ready as our business hour is over 10 minutes before.

죄송합니다. 마감시간이 10분 초과되어 추가 주문이 어렵습니다.

You may order only simple beverages as our kitchen is closed.

주방이 마감하여 간단한 음료만 준비가 가능합니다.

Point 2. Personnel management

매장관리에 있어 종사원도 매장의 일부에 속한다. 인적의존도가 높은 서비스업은 조직 구성원 개개인이 양질의 서비스를 창출할 수 있는 역량에 의해 매장의 이미지가 정해진다. 높은 서비스 마인드를 함양하고 밝은 미소로 고객을 구분하지 않고 환대할 수 있는 능력을 갖춘 인적자원을 확보하는 것은 카페 경영의 성공과 실패를 좌우할 수 있다. 종사원이 노동으로부터 최대의 만족감을 얻고 기업에 대하여 최대의 공헌을 하도록 잠재능력을 육성하고 발전시키는 방법이 인사관리이다. 카페에서는 개인의 능력을 개발하여 적재적소에 배치하면 기업의 이미지를 높일 수 있다.

■ **잘못된 인사와 잘된 인사 관리의 효과**

잘못된 인사의 예	잘된 인사의 예
(Impassive) Hi, welcome.	(The glad eye) Hi, We are ready to give you healing time. May I take your order?
감흥이 없는 무뚝뚝한 인사	고객만족을 넘어선 고객감동

■ 종사원 CHECK LIST

서비스의 기본조건

① 용모: 단정한 용모

② 복장: 단정하고 깨끗한 복장

③ 표정관리: 항상 밝은 표정의 상태를 유지한다.

④ 대기자세: 평소 대기 중 항시 바른 자세로 있도록 한다.

- 두 손을 모으고 허리를 편 자세로 손님들을 향해 선다.
- 뒷짐을 지거나 주머니에 손을 넣지 않는다.
- 카운터 주위에서 사적인 잡담을 하지 않는다.

⑤ 보행자세: 바른 보행

- 가슴을 펴고, 얼굴은 정면을 향한다.
- 가슴과 등은 바르게 펴고, 아랫배에 힘을 준다.
- 발을 내딛을 때는 발꿈치, 발바닥, 발끝 순으로 한다.
- 양쪽 발은 평행이 되도록 하며 걷는다.

⑥ 전화예절: 고객의 전화에 친절하면서도 빠른 서비스와 정보를 제공한다.

- 전화는 3번의 벨이 울리기 전에 받도록 한다.
- 고객과의 대화는 긍정적이며 전문가답게 이끌어간다.
- 메시지는 정확하게 메모하여 당사자에게 전달한다.
- 상대방이 먼저 전화를 끊기 전에 수화기를 내려놓지 않는다.

⑦ 목소리와 어조: 정확하고 밝은 어조로 말을 하도록 유지해야 한다.

- 항상 밝고 경쾌하게 말을 할 수 있도록 한다.
- 직설적인 표현과 명령적인 표현은 삼간다.

인터뷰

■ 인터뷰 시 가장 많은 질문 유형을 살펴보자.

What are your strengths & weaknesses?

당신의 장단점은 무엇인가?

Do you have any restaurant server experience?

레스토랑 근무 경력이 있는가?

What previous jobs have you held?

이전에 일한 경험이 있는가?

How often do you miss shifts?

근태는 어떠한가?

Are you in this to make money or do you enjoy socializing?

돈이 목적인가, 사회경험이 목적인가?

Have you eaten at our cafe before?

우리 카페에서 음식을 먹어본 적이 있는가?

What techniques do you use to upsell?

판매를 위해 당신이 가진 스킬은 무엇인가?

■ 위의 질문 유형에 대해 한 번 생각해보고 그에 따른 답변을 생각해보자.

■ 매장관리자로서 종사원을 뽑을 시 어떠한 질문을 할지 생각해보자.

읽을거리 인터뷰 요령

1. 질문의 핵심을 이해하기
2. 즐거운 표정을 유지하기
3. 능숙하게 대화를 주고받기
4. 화제를 자신에게 유리하기 이끌기
5. 자신감 있게 열심히 이야기하기
6. 어휘를 풍부하게 사용하기
7. 열정과 의욕을 표출하기
8. 마지막까지 최선을 다하기

자기소개

구직하는 입장에서 가장 필수적이고 기본 요건인 자기소개를 간단히 영어로 표현하도록 하자.

My name is Kim. I came from Korea. I am a barista. It has been three months since I arrived in Canada. I am currently studying and cooking western food. When I was a high school student, I studied tourism service and had a part time job experience in wedding party service. I am pleased to meet many people. Many of my friends call me 'social butterfly' because I am sociable, extrovert, and I can make good relationship with many people.

나는 한국에서 온 바리스타 김입니다. 캐나다에 온 지는 3개월이 되었고, 현재 양식 조리를 공부하고 있습니다. 고등학교 때 관광 서비스에 대해서 배웠으며, 결혼식장 연회 서비스업에서 아르바이트를 해본 경험이 있습니다. 저는 사람들을 만나는 것을 좋아합니다. 주위사람들이 저를 마당발이라고 하는데 사교성이 좋아 여러 사람들과도 친하게 지내서입니다.

■ 자기소개에 사용할 때에 필요한 간단한 표현어구

I have done OO before.

나는 OO 해본 적 있다.

I majored in OOO.

나는 OOO 전공이다.

Thank you for giving me the chance for an interview.

인터뷰 기회를 주셔서 감사합니다.

First of all, most of all

먼저~, 무엇보다도~

I am contented to do OO. I am willing to do OO.

나는 OO을(를) 기꺼이 합니다.

Dialog

M: Hello, nice to meet you.
안녕하세요. 반갑습니다.

W: Nice to meet you, Miss Shin.
안녕하세요. 저도 반갑습니다, 신 씨.

M: Was it easy to find where we are?
찾아오는데 힘들지는 않았나요?

W: Yes it was. I actually have been here before.
네, 예전에 방문해본 기억이 있어서 찾기 쉬웠습니다.

M: Oh, sounds good. Can you introduce yourself?
정말요, 다행이네요. 그럼 자기소개 해주세요.

W: Okay. First of all, thank you for giving me the chance for an interview. My name is Hong Gil-Ja from Korea. It has been five months since I arrived in New Zealand on a working-holiday visa to travel and study. I majored in hotel service and I have an experience in working at a restaurant and a hotel. I am sometimes taciturn but my personality is basically nice and kind. I always respect other people and treat them politely. Thank you for hearing.
네, 먼저 인터뷰기회를 주셔서 감사드립니다. 저는 한국에서 온 홍길자라고 합니다. 뉴질랜드에 온 지는 5개월 되었고 워킹홀리데이 비자로 여행과 공부를 같이 하고 있습니다. 한국에서는 호텔서비스를 전공하였고 식당 및 호텔에서 근무해본 경험이 있습니다. 가끔 과묵하다는 단점이 있지만 다소 밝고 친근한 성격으로 항상 웃음을 잃지 않고 상대방을 존중하는 것이 장점입니다. 감사합니다.

Point 3. Menu management and Atmosphere

메뉴관리

매장 내에서 가장 중요한 역할을 담당하고 있는 메뉴는 영업수익과 직접적으로 연계되어 있으므로 관리해주어야 한다. 글씨가 너무 많거나 작은 경우, 메뉴를 쉽게 볼 수 없는 형태에서는 불만을 표출할 수 있다. 메뉴를 쉽게 볼 수 있도록 조정한다. 간결하고 정확한 정보를 줄 수 있는 메뉴의 조정이 필요하다. 예를 들어 고가의 커피 순으로 배열하거나 다량의 커피 순으로 정렬한다면 고객이 편리하게 볼 수 있다. 또한 신 메뉴를 개발할 수 있는데 시간의 변화에 따라 고객의 기호와 트렌드는 변화할 수 있음을 인지하고 메뉴를 개발한다. 본 매장만의 특징을 살릴 수 있고 영업에 이득이 될 수 있는 메뉴를 개발할 수 있어야 하는데 대중적이면서도 특색이 있는 메뉴를 판매해야 한다.

Would you order after you look our menu?

우리 메뉴를 보시고 주문해주시겠습니까?

Useful Practices **Our menu has good-looking design.**

우리 메뉴는 보기에 용이하게 만들어져 있다.

What we recently offer is Caramel frappuccino.

가장 최근에 판매를 시작한 메뉴는 캐러멜 프라푸치노이다.

Useful Practices **The most popular menu is Fruit frappe that includes ice cream.**

아이스크림을 포함한 가장 대중적인 메뉴는 과일프라페이다.

분위기

매장 내의 청결도 중요하지만 고객이 편안한 휴식을 취하고 만남의 장소로 이용할 수 있도록 최대한 배려할 수 있어야 한다. 이를 위해 매장 내에 시각적 분위기나 청각적 분위기를 멋지게 조성하고 연출할 수 있다.

장식

① 안정감을 줄 수 있는 벽면 인테리어와 소품들을 비치하여 매장 분위기를 연출한다.

② 고객이 이용하는 테이블과 의자는 편안함을 느낄 수 있는 것으로 비치해야 하는데 매장 내 인테리어와 잘 어울리는 것으로 선택한다.

음악

① 시간대별과 고객의 많고 적음을 고려하여 세련된 음악으로 매장 분위기를 연출한다.

② 음악 소리의 크기는 고객의 대화에 방해가 되지 않는 범위 내에서 적당하게 조절한다.

③ 좋은 음질의 음악이 계속 은은하게 흘러나올 수 있도록 주의한다.

It is a stable-looking store and its interior is designed with delicate wood.

우아한 나무를 사용한 인테리어로 안정감이 있는 매장이다.

Useful Practices **We used wood for interior design to make mood stable.**
우리 매장은 나무를 사용한 인테리어로 안정감을 줍니다.

Stylish music is pleasurable.

세련된 음악으로 즐거움을 더해줍니다.

Useful Practices **Continuous stylish music makes me feel comfortable.**
세련된 음악이 계속 흘러나오니 마음이 편안해진다.

02. Customer Management

올바른 고객관리의 중요성을 이해하고, 고객 감동 서비스를 실천할 수 있는 실무를 파악할 수 있다.

Point 1. Marketing

Point 2. Regular customer

고객과의 관계관리에서 필요한 마케팅, 충성고객층을 확보하기 위한 전략 등의 고객관리를 흥미롭게 이해하자.

Point 1. Marketing

마케팅이란 상품이나 서비스를 소비자에게 유통시키기 위해 동원되는 경영활동을 뜻한다. 특히 서비스의 발달로 서비스를 통해 고객의 필요와 욕구를 충족시켜 마케팅 목표를 달성하여야 하는데, 서비스는 형체가 없는 무형성, 생산과 소비가 동시에 이루어지는 동시성, 표준화가 어려운 이질성, 저장이 불가능한 소멸성의 특징을 지니고 있다. 카페에서는 상품과 서비스를 모두 판매하는 곳으로 마케팅 목표를 달성하기 위해 장기적으로 혁신적인 마케팅 전략을 구사할 수 있어야 한다. 상품의 특성을 파악하여 고객이 상품을 구매하고자 하는 욕구를 최대한 충족시키기 위한 활동마케팅 목표를 효과적으로 달성하기 위해서는 제품 Product, 장소 Place, 가격 Price, 촉진 Promotion 의 4P와 사람 People, 서비스 환경 Physical evidence, 서비스 제공과정 Process of service assembly 의 3P 믹스 요소를 고려해야 한다.

① 상품을 소비자에게 유통시키는 기본 경영을 이해하고 발전 방향을 모색해야 한다.

- 제품관계: 소비자의 욕구에 맞는 제품 개발
- 시장관계: 수요를 예측하고 판매 경로 설정

- 조정관계: 판매를 위한 계획 정책 마련
- 판매관계: 조직 관리 등의 인사를 통해 실제 판매

② SWOT분석을 통해 강점, 약점, 기회, 위협의 요인을 분석하여 경영 환경을 구축해야 한다.

③ 고객의 욕구와 트렌드의 변화로 서비스에 대한 고객의 기대를 파악하고 고객 만족 서비스를 제공해야 한다.

- 최저 서비스: 고객이 불만을 느끼지 않고 그저 받아들일 수 있는 최저의 서비스 기대수준
- 최대 서비스: 고객이 기대할 수 있는 최고의 서비스 수준

④ 경쟁사의 서비스를 벤치마킹하고 고객에게 나은 서비스를 제공할 수 있는 서비스 포지셔닝이 요구된다.

⑤ 다양한 경쟁사로부터 고객을 유지하고 충성도 있는 고객관계를 형성하기 위해 고객관계관리 Customer Relationship Marketing, CRM 를 활용한다.

We exert effort to give customer satisfaction as part of marketing business.

마케팅의 일환으로 고객만족 서비스를 제공하기 위해 노력한다.

Useful Practice **We should provide better service than our competitors.**
경쟁사보다 더 나은 서비스를 제공해야 한다.

Delicious products and contentable services are our cafès strength.

맛있는 상품과 만족할만한 서비스는 우리 카페의 강점 요인이다.

Useful Practices **Our competitors' promotions are our cafès threat.**
타사의 판매 촉진 프로모션은 우리 카페의 위협 요인이다.

Point 2. Regular customer

고객이 제품 및 서비스를 구매하고 만족하게 되면 재구매로 이어지게 되어 고정 고객을 확보할 수 있으며, 주변에 좋은 구전을 전파하여 신규 고객도 창출할 수 있기에 결국 매출이 증대된다. 특히 매우 만족한 고객은 해당 서비스 기업에 대하여 충성도가 매우 높은 동반고객이 되어 서비스 기업과 생사를 같이 한다.

반대로 고객이 제품 및 서비스를 구매하고 불만족하게 되면 재구매 중지로 이어지게 되어 고객을 상실할 수 있으며, 주변에 나쁜 구전을 전파하여 잠재 고객을 상실할 수 있어 결국 매출이 감소된다. 특히 매우 불만족한 고객은 해당 서비스업에 대하여 충성도가 낮은 일명 '테러고객'이 되어 불만을 다양한 방법으로 표출하기도 한다. 단, 불만고객의 불만사항을 아주 원활하게 해결한 경우 더 높은 단계의 충성고객이 되어 재구매나 좋은 구전을 전파해주기도 한다.

제품 · 서비스	만족	재구매	고정 고객 확보	매출증대
		좋은 구전 전파	신규 고객 창출	
	불만족	재구매 중지	고객 상실	매출감소
		나쁜 구전 전파	잠재 고객 상실	

Dialog

M: Are you satisfied with our service?
오늘 서비스에 만족하셨나요?

W: Mostly except for one circumstance. It is baking.
실내가 좀 더운 것 외에는 만족합니다.

M: Oh, sorry for your inconvenience. We make inside warmer because of the cold weather.
아, 불편하셨다면 죄송합니다. 추운 날씨라 실내를 좀 더 따뜻하게 했습니다.

W: However, it was very good to drink beverage without waiting.
음료는 대기시간 없이 바로 먹을 수 있어서 정말 좋았습니다.

M: We always do our best to have comfortable relationship with our customers. I think my duty in this restaurant is not only to make waiting time shorter, but also to be sensitive to the customers so that they can fully enjoy delicious food and beverage.
고객과 편안한 관계가 되고자 노력하고 있습니다. 대기시간도 단축하고 맛있는 음료와 음식을 편안하게 드실 수 있도록 배려하는 것이 저희의 임무라고 생각합니다.

W: It is impressive. I will visit here again with more friends.
앞으로 더 많은 친구와 함께 방문하겠습니다. 이곳 서비스에 매우 감동하였습니다.

03. Hygienic Management

바리스타 개인의 위생과 식품 안전관리의 필요성을 인식하고, 매장을 관리할 수 있는 실무를 파악할 수 있다.

Point 1. Worker's hygiene and dress

Point 2. Food control

위생관리를 위해 필요한 바리스타 개인의 위생과 식자재 및 도구의 위생관리를 흥미롭게 이해하자.

Point 1. Worker's hygiene and dress

바리스타는 커피를 포함한 음료와 음식을 조리하고 관리하는 사람으로서 개인의 위생을 철저하게 관리해야 한다. 깨끗한 앞치마를 착용하고 근무하기에 편하고 활동적이며 고객과 마주하므로 단정한 복장을 갖추어야 한다. 또한 긴 손톱이나 요란한 손톱, 거추장스러운 액세서리, 짙은 향수 등, 조리에 영향을 미치는 요소들은 피해야 한다.

Point 2. Food control

식품은 사람이 먹는다는 개념에서 파생시켜 생각해볼 때 식품에 위해요소가 포함되어 있는 경우에는 사람의 목숨과 직접적인 관계가 있을 수 있다. 현행 우리나라 식품위생법의 목적은 식품으로 인한 위생상의 위해를 방지하고 식품영양의 질적 향상을 도모하여 식품에 관한 올바른 정보를 제공함으로써 국민보건 증진에 이바지하는 것이다.

- 식품위생법 제2조에서는 "식품, 첨가물, 기구 또는 용기 포장을 대상으로 하는 음식물에 관한 위생"이라고 정의하였다.
- 세계보건기구에서의 식품위생이란 "식품의 생육, 생산 또는 제조에서부터 최종적으로 사람이 섭취할 때까지에 이르는 모든 단계에서 식품의 안전성, 건강성 및 건전성을 확보하기 위한 모든 수단"을 말한다.

읽을거리 식중독 예방

- 조리하기 전이나 조리 공정이 바뀔 때, 화장실 사용 후, 배식 전에는 반드시 손을 씻는다. 흐르는 물로 20초 이상을 씻는다.
- 가열 조리식품의 경우 중심부 온도가 74℃ 이상이 되도록 하여 1분 이상 가열한 후 익혀서 먹어야 하므로 비접촉식 온도계의 상시 사용을 권장한다.
- 음식은 4℃에서 60℃ 이상으로 보관해야만 하고 찬 음식은 4℃ 이하의 냉장 보관으로 관리해야 한다.
- 물은 반드시 끓여 마셔야 하고, 유통기한이 지난 식품을 사용하지 않는다.
- 냉장고는 정기적으로 소독하고 온도관리를 해주어야 한다.
- 식품취급자는 정기검진을 정기적으로 행하고 전염병이나 화농성 질환에 걸리지 않도록 건강을 유지하며 항상 청결을 유지해야 한다.
- 조리할 때는 깨끗한 물을 사용하며 필요 시 수질 검사를 정기적으로 행하도록 한다.

We should prevent food poisoning by food sanitation management.

식품관리를 통해 식중독을 예방해야 한다.

Useful Practices **It is necessary to prevent food health problem in the cafè.**
카페에서는 위생상 위해요소를 예방하는 것이 필수이다.

We have to manage and practice good hygiene in preparing foods and handling tools.

식재료와 도구들은 반드시 위생을 지켜 관리해야 한다.

Useful Practices **Practicing good hygiene can be the best marketing tool.**
위생을 유지하는 것이 최고의 마케팅이 될 수도 있다.

식재료의 관리 요령

Roasted coffee beans | Roasted coffee beans은 밀폐용기에 보관하여 산소와의 접촉을 최소화하도록 한다.

과일류 | 과일류는 냉장보관, 냉동보관하며 유통기한이 따로 적혀 있지 않기 때문에 항상 신선도를 확인하고 신선도가 떨어진 과일은 폐기한다.

베이커리류

- 케이크는 냉동보관하며 당일 판매용은 별도로 쇼케이스에 냉장진열 한다.
- 빵, 쿠키는 유통기한 표시를 확인하고 쇼케이스에서 냉장보관 한다.

채소류

- 냉장보관하며 사용량에 맞게 나누어 각기 보관한다.
- 채소는 반드시 물기를 제거한 후 포장지로 싸서 냉장보관 한다.
- 씻은 채소와 씻지 않은 채소가 섞이지 않도록 분리보관 한다.
- 3℃ 이하의 냉장보관은 냉해를 유발할 수 있다.
- 양파 및 감자를 오래 보관하여야 할 경우에는 껍질째로 그늘지고 서늘한

곳에 보관한다.

- 재료를 만질 때에는 손을 깨끗이 씻은 후 항상 위생장갑을 착용한다.

소스, 시럽, 파우더 | 유통기한이 길긴 하지만 온도차가 없는 서늘한 장소에 보관한다.

블랙티, 허브티 | 유통기한을 확인하고 밀폐된 용기에 보관한다.

우유

- 냉장보관 하고 매장에 따라 알맞은 수량을 확인하여 주문한다.
- 매장에 따라 저지방 우유도 사용한다.
- 우유의 경우 부패속도가 빠르기 때문에 유통기한 2~3일 전에 교체하도록 한다.

달걀 | 냉장보관 한다. 신선한 달걀 사용을 위해 소비할 양만 주문한다.

버터

- 보관방법에 따라 유통기한이 달라진다.
- 냉장보관 시 3개월, 냉동보관 시 12개월이다.

식재료의 저장 시 규칙

- 모든 잠재위해식품은 1~5℃로 유지하며 냉장고에 보관한다.
- 냉장고에 보관하는 모든 식품은 소독 처리된 플라스틱 용기에 넣어 보관한다.
- 모든 저장식품은 재고 회전을 위해 자체적으로 라벨을 붙여서 보관한다.
- 냉장, 냉동고의 청소는 매일 체크하고 청소해야 한다.
- 저온창고, 냉장, 냉동고에 보관된 식품의 유효기간을 정기적으로 점검한다.
- 유리용기, 캔류 등의 제품은 냉장, 냉동보관 하지 않는다.
- 개봉된 식품은 안전한 용기에 덜어 보관하며 개봉된 날짜와 이름을 부착해야 한다.

- 냉동식품의 유통기한을 최대 3개월 이내로 하는 것이 바람직하다.
- 냉동고의 온도에 이상이 있을 경우 식품을 냉장고로 옮겨 해동시키고 48시간 이내에 해동식품을 조리해야 한다. 절대 다시 냉동시켜서는 안 된다.

냉장 및 냉동고의 관리

- 냉장 · 냉동고 내의 제품은 냉기가 나오는 구멍을 막지 않도록 보관한다. 냉기 순환이 잘 되지 않으면 고장이나 제품 변질의 원인이 된다.
- 응축기 부분에 먼지가 끼지 않게 주위를 청결하게 유지하고 정기적으로 솔을 이용하여 응축기 틈을 털어내고 물로 세척해준다.
- 여름에는 장비 내외의 온도차가 커서 냉동고 기계실이나 장비 내에 물이 고이는 경우가 많이 발생하게 된다. 장비 내의 물 받침이 경사지게 제작되어 있고 배수구가 있어 물이 빠질 수 있도록 설계되어 있다. 올바르게 작동할 수 있도록 수평으로 설치해야 한다.
- 냉장고의 적정온도는 4℃ 정도, 냉동고의 적정온도는 약 -18℃이다.
- 냉장고와 냉동고의 식품 수납량은 공기 순환을 방해하지 않고 안전온도를 유지하도록 내부 용량의 70% 이하로 한다.
- 냉장 · 냉동고는 가동이 잘 되도록 정기적인 내부 성에 제거, 적정온도 유지, 주 1회 이상 청소 및 소독을 실시한다.
- 문의 개폐는 가능한 한 신속하게 하고 필요할 때만 한다.
- 식품을 수납하지 않거나 식품의 유출액(유제품, 시럽 등) 같은 이물질 등에 의해 오염된 냉동고는 그 때마다 청소를 한다.
- 증발기(냉기가 나오는 부분)에 5 mm 이상 성에가 끼면 냉각 성능이 떨어지므로 성에 제거를 한다.

세척과 보관 및 취급요령

- 세척온도는 반드시 60~65℃를 준수해야 한다.
- 사용하는 세제 양이 적당한지 체크하고 잔류세제가 없는지 꼼꼼히 살핀다.
- 컵을 닦을 때는 항상 밑부분을 잡고 입이 닿는 윗부분은 절대 손으로 잡으면 안 된다.
- 컵의 안쪽에 손가락을 넣어서 잡아서도 안되고 사용하기 전에 반드시 손자국, 먼지, 립스틱 자국, 이 빠짐 등을 체크한 후 보관한다.

행주와 린넨류 관리

- 매일매일 열탕 소독한다.
- 행주와 린넨은 2~3시간마다 깨끗한 것으로 교환한다.

Dialog

M: I am going to explain the sanitation management of this shop.
본 매장의 위생관리 방법에 대해 설명해드리겠습니다.

W: Tell me the most important part of food sanitation management.
가장 중요한 식품 위생에 관해 설명해주세요.

M: We strictly follow FIFO to manage food sanitation.
식재료 관리는 철저하게 선입선출법(FIFO)에 따르고 있습니다.

W: What is FIFO?
선입선출법이 무엇인가요?

M: Sell food in the order of being stored. If it is stored first, we sell it first, and vice versa.
먼저 입고된 재료에 표시를 해두어 먼저 판매하고, 후에 입고된 재료는 나중에 판매하는 방법입니다.

W: What else do you do?
그 외에는 어떤 방법이 있나요?

M: The most popular ingredients are coffee and milk. Include those, we check every single ingredient when it arrives before storing.
가장 많이 판매되는 식재료는 커피와 우유입니다. 이 재료뿐만 아니라 모든 재료는 입고될 때에 검수를 통해 관리합니다.

주요단어 정리

PART VI. Management	
Arrangement [əreɪndʒmənt]	[명사] 준비, 마련, 주선 - travel arrangements 여행 준비
Socialize [soʊʃəlaɪz]	[동사] (사람들과) 사귀다[어울리다/교제하다] - I enjoy socializing with the other students. 나는 다른 학생들과 사귀는 것을 즐긴다.
Extrovertive [ekstrəv3:rt]	[명사] 외향적인 사람 - She is a real extrovert. 그 여자는 성격이 외향적이다.
Stable [stéibl]	[형용사] 안정된; 견실한 - social stability 사회적 안정
Delicate [delɪkət]	[형용사] 연약한, 여린, 다치기[부서지기] 쉬운 - delicate china teacups 깨지기 쉬운 도자기 찻잔들
Circumstance [s3:rkəmstæns]	[명사] (주로 복수로) (일 · 사건 등을 둘러싼) 환경, 상황, 정황 - I understand such circumstance. 그런 상황은 이해가 돼요.
Inconvenience [ɪnkənvi:niəns]	[명사] (특히 자신의 필요 · 바람에 맞지 않아서 생기는) 불편, 애로 - We are sorry for this inconvenience. 이런 불편을 드려 죄송합니다.
Sanitation [sænɪ|teɪʃn]	[명사] 위생 시설[관리] - disease resulting from poor sanitation 열악한 위생 시설로 발생한 질병
Hygiene [haɪdʒi:n]	[명사] 위생 - food hygiene 식품 위생

참고문헌

- 커피조리사 실무, 한국음료산업연구원(2014) 아카데미아
- 바리스타 실무, 손정리 외(2014) 이오북스
- 서비스 경영, 이정학(2013) 기문사
- 카페경영학, 권태영(2012) 아카데미아